085 工程重点学科专业建设项目（Z085WGYYX13014）
上海市高等学校专业综合改革试点项目

商务英语专业特色办学研究

王艳艳　著

世界图书出版公司

上海·西安·北京·广州

图书在版编目（CIP）数据

商务英语专业特色办学研究/王艳艳著.
一上海：上海世界图书出版公司，2013.12
ISBN 978-7-5100-7268-0

Ⅰ.①商… Ⅱ.①王… Ⅲ.①高等学校—商务—英语
—专业设置—研究 Ⅳ.①H31

中国版本图书馆 CIP 数据核字（2013）第 295963 号

商务英语专业特色办学研究

著　　者　王艳艳

出 版 人　陆　琦
责任编辑　姜海涛
装帧设计　刘晓灿
责任校对　石佳达

出版发行　上海世界图书出版公司　　www.wpcsh.com.cn
地　　址　上海市广中路 88 号　　　 www.wpcsh.com
电　　话　021-36357930
邮政编码　200083
经　　销　各地新华书店
印　　刷　上海市印刷七厂有限公司　　如发现印装质量问题
开　　本　890×1240　1/32　　　　　请与印刷厂联系 021-59110729
印　　张　5.625
字　　数　130 000
版　　次　2013 年 12 月第 1 版
印　　次　2013 年 12 月第 1 次印刷
书　　号　978-7-5100-7268-0/H·1267
定　　价　30.00 元

前　　言

　　这是一本专门讨论商务英语专业特色办学的著作①,旨在帮助教育理论工作者、商务英语专业建设和管理者、在职教师了解和掌握商务英语专业的人才培养目标和模式、课程标准、课程设置、教学设计、文化教学和教师发展方向。本书梳理了国内外特色办学和商务英语专业设置方面的理论,总结了商务英语专业的实际办学经验,采用了文献分析、个案分析和调查问卷等研究手段。

　　商务英语起源于应用语言学的专门用途英语(ESP, English for Specific Purpose),逐步发展为一个交叉学科 EBP(English for Business Purpose),其学科理论基础来自应用语言学、跨文化交际学、经济贸易、管理类等,是研究商务英语教育教学规律以及英语在国际商务背景下使用规律的科学(翁凤翔,2008)。该学科为英语和商务交叉产生的新学科,综合了英语学科和商务学科的特点,其中,英语学科占据主导地位(刘艳萍等,2009)。

　　根据教育部本科专业目录,商务英语专业属"外国语言文学类",与现有的英语(侧重于英美文学、语言学和英语国家研究)专业并列。2006—2008 年,对外经济贸易大学、广东外语外贸大学、上海对外经贸大学(原上海对外贸易学院)、上海财经大学等院校

①　本书为 085 工程重点学科专业建设项目(Z085WGYYX13014)和上海市高等学校专业综合改革试点项目成果。

先后开设了商务英语本科专业,使之成为一个新兴专业。其区别于传统英语专业的特点是商务英语专业具有高度的社会相关性。该专业以全球化语境中的社会经济活动发展为驱动力,适应跨文化商务活动的发展变化。在理论基础方面,由于其注重"商务"特点,商务英语专业的理论研究与教学内容的组织框架已经突破英语专业传统的语言学、文学、应用语言学等理论范畴,其着眼点转而关注语言在社会经济生活中的重要作用。

在设定商务英语专业人才培养模式时,要体现鲜明的时代性、区域性和层次性。首先,商务英语专业人才培养模式的建构,必须以社会需求为前提,以就业为导向,了解行业的人才结构现状、人才需求状况、岗位对知识能力的要求和学生就业去向等,注重培养人才的实用性和创新性。其次,商务英语专业人才培养模式的建构,必须结合区域经济发展趋势,掌握因区域经济、社会发展给商务英语专业人才需求可能带来的变化;结合区域经济特点,科学地进行人才预测,为专业建设和改革提供方向。第三,商务英语专业人才培养模式的建构,必须考虑到高校自身的学生的能力层次。根据学生的能力水平制定相应的人才培养模式,不能一味照搬其他院校商务英语专业的已有模式。

在撰写本书时,笔者试图努力体现以下几个特点。

第一,理论与实践相结合,具有可操作性。如:教师发展一章中对行动研究模式的探讨,既体现了行动研究理论的内涵和原则,又对商务英语教师职业发展有实际的促进作用;商务英语专业特色办学研究中对学科定位和人才培养目标的探讨都结合了对商务英语专业的实证问卷调研结果,并且以"语言+跨文化沟通+商务实践"三通人才培养模式为例证;课程设置篇中,利用课程设置过程模式理论来分析中英合作商务英语专业中的双语核心课程群,等等。

第二,环环相扣,涵盖商务英语专业办学的方方面面。如:从需求分析到人才培养目标设置,从课程标准到课程体系设置,从商务英语课堂的教学设计到文化教育在商务英语教学中的运用,最后还关注了商务英语师资队伍建设。

第三,注意点面结合,将商务英语专业建设理论放在整体教育理论体系中进行探讨。如:以地方高校特色办学模式理论作为商务英语专业特色办学研究的大背景;对商务英语课程标准进行讨论的同时也参考了国内其他各阶段英语课程标准。

本书旨在结合学校办学定位、学科特色和服务面向等,明确商务英语专业培养目标和建设重点,优化人才培养方案。按照准确定位、注重内涵、突出优势、强化特色的原则,探讨推进培养模式、课程标准、课程体系设置、教学方式、文化素质教育、教学团队等专业发展的重要环节的理论与实践经验,促进人才培养水平的整体提升,期待能够引领示范其他专业或同类型高校相关专业的改革建设。

上海对外经贸大学国际商务外语学院

副教授、硕士生导师

王艳艳博士

2013 年 10 月 8 日

目　　录

第一章　特色办学

第二章　课程标准

第五章　文化教学

第六章 教师发展

第一章

特色办学

第一节　地方高校特色办学模式研究

近 20 年来,我国高等教育宏观管理体制改革取得了显著进展,高等教育办学主体多元化态势持续推进,不同类型、不同层次高等学校齐头并进的格局基本形成,高等学校发展正进入一个前所未有的新阶段。地方高校是我国高等教育体系的重要组成部分,承担了高等教育大众化的主要任务,为国家的经济建设和社会发展做出了重要贡献。2008 年,地方高校数量达到全国普通高校总数的 95.1%,招生人数占全国普通高校招生总数的 92.7% ,在校生人数则占 91.4% 。然而,在高等教育大众化进程中,由于对办学特色的认识模糊不清以及其他种种因素的影响,不少地方高校非但没有形成自身的特色,反而在办学层次、办学理念、人才培养目标和模式、课程设置、专业设置等方面趋向同质化,出现了"千校一面"的令人担忧的局面。因此,有必要对地方高校特色办学模式进行深入的研究,以期为我国地方高校适应高等教育激烈竞争和挑战,培养区域发展急需的实用型人才提供理论上的指导。

一、"特色办学"国内外研究述评

1. 核心概念的界定

《中国教育改革和发展纲要》明确指出:"制定高等学校分类标准和相应的政策措施,使各种类型的学校分工合理,在各自的层次上办出特色。"上海市最近启动了教育十大重点工程,其中的"高水平大学和一流学科专业建设工程"强调"深入实施上海高等教育内涵建设工程,以高水平特色学科专业建设为基础,以领军人才培养为重点,建设高水平和特色大学,增强高等教育卓越发展能力。"《普通高等学校本科教学工作水平评估方案(试行)》(2003)中指出,"特色可体现在不同方面:如治学方略、办学观念、办学思路;科学先进的教学管理制度、运行机制;教育模式、人才特点;课程体系、教学方法以及解决教改中的重点问题等方面",这是目前对特色办学比较全面的归纳。研究者认为,特色办学是高校凭借长期办学过程中积累形成的或开创的与众不同的办学理念、教学管理制度、学科专业体系、教学方法与改革及人才特色来运行整个学校。这些特色应该基于学校自身实际,而与规模大小、学科专全无直接的关系。

2. 国内外研究现状述评

追求和形成办学特色是当今世界各国高等学校办学的主要发展趋势之一,也是高等教育界普遍关注的一个理论兼实践课题。黄志广(2006)高度综合研究了中国九所著名高校的办学特色;中国高教育学会(2009)编写了《中国高等教育启思录:百所地方本科院校办学理念与特色研究》,为地方本科院校加强办学理念和办学特色的研究、寻求自身的可持续发展方向提供了有益借鉴。现今国内外教育界对高校特色办学的研究主要集中在以下几个方面:①影响高校特色办学的因素分析(杨晓霞等,2009;Lautala,2007);②高校特色办学的形成过程及经验总结(何艳庆,2009;王荣党等,2003;王从平等,2003;Allen,2001);③地方高校的特色办学规划等(袁小鹏等,2002;彭建平,2005;Poulter,2007)。但是现有研究存在以下缺憾:①或流于理论的抽象空泛,对实践参考价值不大;②或局限于个案经验的描述,缺乏深入系统的理论分析;③关于不同类型,不同层次的高校,甚至同一类型和层次的高校如何在自身所处的办学定位中坚持特色办学,目前的研究乏善可陈;④地方高校占中国高校总数的三分之一,而对于此类学校的办学特色研究成果较为缺乏,这说明我国高校分类发展的理论与实践尚有待加强。

李立国(2009)提出"教育主管部门有责任对高等学校及其学科专业的发展进行宏观调控和分类指导,通过全国性的总体规划和地区性的区域规划,促进学校、学科和专业的特色发展与和谐发展"。因此,为了帮助教育主管部门充分发挥宏观调控职能,明确各类高等教育机构的定位,合理分配教育资源,鼓励教育改革与创新,引导不同层次、不同类型的高校各安其位,办出特色、办出水平,必须加强对高等学校特色办学的分类研究和经验总结,制定出科学的高校特色办学模式。

二、地方高校特色办学——以学科专业建设为抓手

学科专业是高校人才培养的基本单位。现代大学按照学科的发展和分类设置专业,按照专业确定人才培养目标和办学理念。学科专业是高校人才培养的阵地,是进行教学方法与教学改革、开展科学技术研究的平台。它们是动态发展的,随着科技进步和经济社会发展需求的变化,不断向特色、多元和综合性方向发展。学科专业建设关乎高校人才培养的规格和特色,关乎高等教育资源的合理配置、协调和管理,关乎高等教育的质量和效益。有理由认为,学科专业建设代表着高校的教学和科研水平,决定着人才培养的质量以及科学研究发展的前景和后劲,是高校生存与发展的关键。因此,地方高校追求办学特色、增强核心竞争力的进程必须围绕学科专业建设展开。基于以上考虑,研究者提出"中国地方高校特色办学模式"概念框架(图1-1),该模式主张地方高校特色办

学应以学科专业建设为中心,将创新理念和特色渗透在办学理念、教学方法与改革、教学管理制度和人才培养特色建设等四方面。

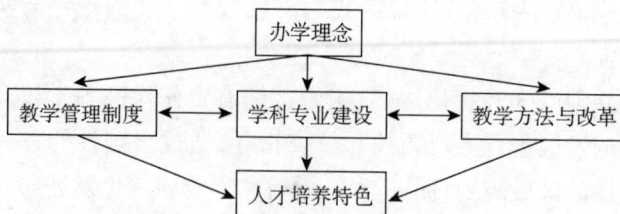

图 1-1 地方高校特色办学模式

1. 学科专业特色

学科专业是高校的基本单位。学科专业是人才培养的载体,高校通过学科专业建设来实践其办学理念,在学科专业内部实施教学方法与教学改革,利用教学管理制度调动资源,保障学科专业的发展,最终成就高校的人才特色。

近年来,在我国高等教育大众化进程中,一些理工科大学大办文科,文科大学开创理科,单科性大学扩张成为多科性大学,多科性大学努力晋升为综合性大学。事实说明,一味追求学校中学科专业的大而全,反而无助于办学特色的形成。一些堪称世界名校的大学,例如英国的牛津、剑桥,美国的哈佛、耶鲁、伯克利等也并不是任何学科都能居于国际一流。他们往往是在某些学科领域处于世界的最前沿,形成特色,在优势学科领域为社会发展作出卓越贡献,产生广泛的社会影响,从而提升和确立了学校的国际地位和知名度。国际上也不乏一些单科或多科性大学,不追求学科齐全,却发展得特色鲜明,例如美国的麻省理工学院至今一直坚持发展自己引以为豪的理工科特色,最后因其学科专业建设出类拔萃而著称于世。

在学科专业建设的发展基础和学术底蕴方面,地方高校与重点大学相比,整体上无竞争优势可言。地方高校应当实施"扶强策略":立足区域经济社会发展和自身传统优势,设立学科特区,形成优势专业,培育和造就一批具有不可替代性的特色学科,进而引领、示范、带动其他学科发展,提升学科建设水平,形成学科建设的特色。地方高校的学科专业建设必须具有一定的超前性和预见性,主动适应外界经济社会发展动向、社会分工变化的外部需求和自身优势学科专业发展的内部需要,以统筹好内外部需求为出发点和着眼点,在满足时代发展要求的基础上实现自身的健康、快速、可持续发展。

2. 办学理念

在高等教育竞争激烈的国际环境下,办学理念尤显重要,因为办学理念的科学性在一定程度上决定着高校发展的兴衰成败。一些国际知名大学的办学理念我们已经耳熟能详:例如北京大学的"思想自由、兼容并包";清华大学的"明德亲民、止于至善";哈佛大学的"追求真理";麻省理工学院的"理工与人文相通,博学与专精兼取,教学与实践并重";柏林大学的"教学与科研相统一"。办学理念犹如一面镜子,无论在何时何地都会映射出学校的光芒。办学理念是学校对办学思路与方略的高度概括,对办学目标的执着追求,对办学行为的理性认识,是办学思想的精髓。办学理念是基于"办什么样的学校"和"怎样办好学校"的深层次思考,是治学方略、办学观念、办学思路等顶层设计的高度概括。办学理念贯穿于学校的各项工作中,是大学发展的灵魂。

在高等教育不断发展,高校数量和规模都不断增长的背景下,地方高校只有具有创新性的办学理念才能指导创新性的办学实践,使学校办出特色。创新性办学理念是在教育理论指导下长期的办学实践的经验积累、感悟与升华,不可能一蹴而就。这是学校形成特色办学,进而实现跨越式发展目标的先导。

地方高校的办学理念,肩负着引领当地的经济社会发展和文化精神培育的重任。办学理念要具有前瞻性,能牢牢把握社会发展的需要,在其办学理念主导下培养的人才方能在该区域未来经济社会发展中做出贡献。同时,在学校人文与科学环境的熏陶下,地方高校培养的人才形成的核心价值观会渗透到学生未来的工作、生活中去。因此,学校的办学理念在文化上具有先进性显得尤其重要。

地方高校的办学理念还应与其长期积淀的办学实践相结合。地方性大学在办学过程中往往有较为明显的学科特征。无论是综合性大学还是单科性大学,其特色学科是学校生存和发展的主要生命力。

3. 教学管理制度

地方高校的教学管理制度是指在国家教育方针和教育制度的指引下,根据国家颁布的教育法规,上级颁发的规定、决定、条例、指示等制定的规章制度和实施细则。教学管理制度是一种稳定、规范的特有教育资源,为学科专业建设提供了一种质量保证的激励约束机制。

教学管理制度的创新目标之一就是从传统的管理制度向现代化的、先进的、科学的管理制度转变,真正实现由管理者本位向学生和教师本位转变。有利于学科专业发展的教学管理机制,必须能够有效调动教与学两个方面的积极性、创造性,突出学生的主体作用和教师的主导作用,突出管理规范化、制度化、民主化要求,比如我国高校实行过的"学分制""学园制""导师制""书院制"。因此,地方高校在特色办学进程中,要适应素质教育和创新教育的要求,建立严格而又灵活的教学管理制度,给学生以充分的发展空间,充分调动学生参与教学活动的主动性和积极性。地方高校必须通过对现有教学管理规章制度进行全面修订和完善,促进优势学科发展;积极改革过分强调统一标准的管理模式,突出多样性特点,变硬性管理为弹性管理。

4. 教学方法与改革

很多大一新生抱着对新专业的热情和对"象牙塔"的高度期望步入大学,却很快失去了学习的动力和信心,这令很多教育研究者开始反省我们大学教学上的"失策"。目前很多大学依然普遍使用填鸭式、灌输式课堂教学,这与地方高校发展其特色学科专业的目标相背离。

大学教育应实现学生知识、能力与人格的统一,重要的是学生学习知识的方法和能力。教学内容合理增删,由"大而全"到"少而精"。精减课堂讲解,扩展学生参与教学活动的时间与空间。创建交流型的教学模式,充分调动学生主体作用,从单纯的"听者""答者"角色进入"思者""论者"的角色。

教学改革是学校改革的核心,也是推动学科建设的重要动力和手段。大学课程应进行多样化教学方法尝试,鼓励研究性教学。研究性教学的理念与实践源于19世纪初德国柏林大学的洪堡改革,研究性教学其本质特征是"发现科学真理的认识过程"。研究性教学常用的几种典型方法是:新生研讨课,案例教学法,仿真与模拟训练法、专题讨论教学法、项目训练法、基于问题的教学等。这些研究性教学法强调过程性教学与评价,给予学生高度自主性,给教师的教学带来高度挑战。作为教学方法与改革的中坚力量,教师的行为和态度直接影响到教学方法与改革的成效。因此,地方高校应当加强以教学方法为基础的教师教学专业化培训。

5. 人才特色

学科专业建设最终要贯彻到教学实践中去,要落实到人才培养的质量与特色上来,人才培养目标是学科专业建设的方向。学生是学校的产品,办学理念、学科专业特色最终要通过人才特色来体现,人才特色也是教学管理制度和教学方法与改革的结果,是办学的根本落脚点。

地方本科院校,在人才培养特色上首先应体现出地方性。要与同类的其他高校相区别,应体现出独特性。其人才培养要满足区域发展的要求,其人才在专业知识结构、综合素质、个性特长等方面都需具有较强的竞争力。应用型人才培养特色就是地方高校在长期的办学实践中形成、符合学校定位和社会需求、为社会所公认、区别于其他类型人才培养的风格、特点与个性风貌(胡璋剑,2009)。应用型本科人才培养过程中必须重视学习实训和社会实践,增强学生的实践能力和社会适应能力,要求学生"素质全面、基础扎实、应用为主、口径适中"。

此外,我国必须尽快建立起权威、科学的人才需求预测、预警及公布机制,以弥补人才市场的缺失,推进地方高校的布局结构调整,引导不同类型和层次的高校各安其位,办出特色。

三、结　　语

特色办学是地方高校发展的必由之路,而学科专业建设则是特色办学的灵魂。认真探索学校办学特色的形成规律,不仅具有重要的理论意义,而且有着重要的现实意义。这些规律以学科专业建设为中心,从办学理念、教学方法与改革、教学管理制度和人才培养特色四个方面进行总结,形成高校特色办学的成功经验模式。

特色是高校长期奋斗的目标,需与时俱进,随实践的发展不断丰富其内涵,充实其精神。在特色的办学理念的指导下,地方高校要发挥传统的学科专业优势,建设有特色的学科专业,改进教学方法,制定配套的管理制度,确保办学理念能够渗透到办学过程的每一个环节,培养出适应社会需要的应用型人才,最终形成学校特色。

第二节　商务英语专业特色办学研究

　　21 世纪是一个国际化的知识经济时代,由于社会对外语人才的需求已呈多元化的趋势,过去那种单一外语专业和基础技能型的人才已不能适应市场经济的需要。社会对单纯语言文学专业毕业生的需求量正逐渐减小,而更需要的是外语与其他有关学科如文化、经贸、法律、新闻等相结合的复合型人才。近 20 年来,我国英语专业教学一直致力于人才培养目标的改革。从 20 世纪 80 年代中期开始,我国部分外语院校就开始进行培养复合型人才的尝试。培养这种复合型的外语专业人才是社会主义市场经济对外语专业发展提出的要求。因此,外语专业必须从单科的"经院式"人才培养模式转向宽口径、应用性、复合型的人才培养模式。商务英语专业正是外语教学改革的一种模式,主要培养有扎实的英语语言基础、宽厚的人文素养、系统的国际商务知识、较强的跨文化交际能力的应用型、复合型商务英语人才。为满足我国发展外向型经济的需求,全国本科院校开设的商务英语专业招生数量已经超出实用英语、师范英语、旅游英语、科技英语翻译等方向学生的数量。本节描述了上海对外经贸大学商务英语专业改革与实践经验。

一、商务英语专业的学科定位

从教育管理角度看,专业是指中专或高校根据科学分工或生产部门分工把学业分成的门类;学科则属于理论范畴,具有领域性、(研究)对象性、方法论、术语概括性、体系性等内涵特征;定位则是以其他性质类似的参照物在同一体系中位置的确定,是不同侧重、不同层次的差别性定位(曾利沙,2010)。

商务英语起源于应用语言学的专门用途英语(English for Specific Purpose, ESP),逐步发展为一个交叉学科 EBP(English for Business Purpose, EBP),其学科理论基础来自应用语言学、跨文化交际学、经济贸易、管理类等,是研究商务英语教育教学规律以及英语在国际商务背景下使用规律的科学(翁凤翔,2008)。该学科为英语和商务交叉产生的新学科,综合了英语学科和商务学科的特点,其中,英语学科占据主导地位(刘艳萍等,2009)。

根据教育部本科专业目录,商务英语专业属"外国语言文学类",与现有的英语(侧重于英美文学、语言学和英语国家研究)专业并列。2006—2008 年,对外经济贸易大学、广东外语外贸大学、上海对外经贸大学(原上海对外贸易学院)、上海财经大学等院校先后开设了商务英语本科专业,使之成为一个新兴专业。其区别于传统英语专业的特征是商务英语专业具有高度的社会相关性。该专业以全球化语境中的社会经济活动发展为驱动力,适应跨文化商务活动的发展变化。在理论基础方面,由于其注重"商务"特点,商务英语专业的理论研究与教学内容的组织框架已经突破英语专业传统的语言学、文学、应用语言学等理论范畴,转而关注语言在社会经济生活中的重要作用。

二、商务英语专业的人才培养目标

1. 人才培养模式的合理构建

在制订人才培养模式时,要体现鲜明的时代性、区域性和层次性。首先,商务英语专业人才培养模式的建构,必须以社会需求为前提,以就业为导向,了解行业的人才结构现状、人才需求状况、岗位对知识能力的要求和学生就业去向等,注重培养人才的实用性和创新性。其次,商务英语专业人才培养模式的建构,必须结合区域经济发展趋势,掌握因区域经济、社会发展给商务英语专业人才需求可能带来的变化;结合区域经济特点,科学地进行人才预测,为专业建设和改革提供方向。第三,商务英语专业人才培养模式的建构,必须考虑到高校自身学生的能力层次。根据学生的能力水平制定相应的人才培养模式,不能一味照搬其他院校商务英语专业的已有模式。

2. 上海对外经贸大学商务英语专业人才培养模式需求调研

上海对外经贸大学商务英语专业在巩固传统优势的同时,不断地探索人才培养模式创新的可能性。上海自贸区的建立,将推动上海国际商贸活动蓬勃发展,同时给地方高校的商务英语专业发展带来了新的机遇和挑战。如何适应不断变化的市场需求,克服目前一些学校商务英语专业课程设置不合理、教学模式陈旧落后、商务英语师资队伍力量薄弱等突出问题(黄福荣,2012),如何了解商务英语专业的培养现状和用人单位的最新需求,如何根据形势的变化不断对人才培养模式进行调整,优化课程设置和教学模式,以便更好地为企业培养和输送商务英语专业人才,成为了该校商务英语专业发展研究的首要任务。

鉴于国内商务英语专业人才需求调查没能与其培养模式探讨

紧密结合的现实问题,我们对上海某大学商务英语专业在校生和有商务英语岗位需求的用人单位进行了一次人才需求调查,以了解在校生对商务英语知识和技能的认识、对商务英语专业培养现状的看法和对商务英语教学的需求,以及用人单位对商务英语知识和技能的看法和对高校商务英语专业人才培养的评价,并在对比双方调查结果的基础上探索改善现有商务英语专业人才培养模式的途径。

此次调查的对象包括某大学商务英语专业在校学生和设有商务英语岗位的公司或企业。在校生共计 253 人,参与本次调查的公司或企业共计 47 家,问卷填写人为单位人事主管。此次问卷调查的内容主要包括五个方面:岗位需求、英语证书、商务知识、商务(英语)技能和商务英语教学与学习。

问卷结果显示:①所有 47 家用人单位每年都有商务英语岗位需求,最多的达到 25 个,最少的为 2 个,平均值为 11.2 个。有 41 家用人单位需要商务英语口译和笔译岗位,占 87.2%;18 家需要外贸业务员,占 38.3%;其他岗位都几乎不需要。②在校生和用人单位都认为英语专业四级证书、八级证书、计算机证书、口译证书、剑桥商务英语证书和托业证书比较重要。③他们对商务知识重要性的看法存在较大差异,用人单位只对与工作岗位相关联的知识感兴趣,而在校生倾向于认为所有商务知识对将来的工作都比较重要。④在校生和用人单位在很多能力上的评价都是比较一致的,独立样本 t 显示,二者除了对"商务英语会话与演讲""商务英语阅读""逻辑推理能力""资料分析能力""办公自动化设备操作技能"和"风险识别能力"的评价存在显著差异外($p<0.05$),对其他 11 项能力的评价都不存在显著差异($p>0.05$)。⑤对于商务英语教学,在校生和用人单位对商务实践课程重要性达成一致见解。

此次调查的结果为商务英语专业人才培养模式改革提供了如下思路:

(1)商务英语专业学生的个人需求与市场需求脱节,学校必须引导学生准确、客观地定位自己毕业后的工作岗位,以便帮助学生毕业时更顺利地找到自己理想的工作,提高毕业生一次性选择就业岗位成功率。

（2）从用人单位对商务英语专业人才的岗位需求不难看出,他们对该专业人才的英语基础和翻译技能有较高的要求,这明确了商务英语专业人才培养方向:重视英语基础,尤其是翻译技能。

（3）用人单位对不同商务知识重要性的评价差异较大,在校生倾向于认为所有的商务知识都比较重要。当然,对学生来说,由于未来职业的不确定性,持有这种认识非常正常。但是,为了在有限的教学时间内培养出符合市场需求的商务英语人才,我们对商务知识要适当地区别对待,不能面面俱到失去重点,对于专业基础知识要适当加强,高端、专业性强的商务知识选择性开课,也就是说,我们在教学过程中需要加强普通用途商务英语教学。

（4）在商务英语教学方面,学生们喜欢具有丰富商务工作经验和英语专业背景的“双师型”教师。由于英语是课堂语言,商务知识和技能都需通过英语传达,具有商务经验及英语专业背景的老师在课堂上能用流畅和准确的英语进行商务实例分析,使用英汉双语或英文原版教材,增加实践类教学环节,有助达到良好的商务英语课程教学效果。

（5）教材是学生学习的重要载体,虽然我们目前使用的都是英汉双语或原版教材,但从学生对教材的满意度来看,现有的教材还存在不少问题。主要原因包括理论太多、实践太少、实用性稍差,内容有点陈旧,跟不上时代。因此,今后在教材的编撰和选择上,需要更注重真实性和时代性,选取最新商务案例较多的教材。

（6）商务案例教学法是情景教学法的一种,以真实的商务环境为语言背景,让学生通过解决现实商务生活中的问题来掌握商务技能。案例分析是学生最喜欢的教学方式,学生喜欢并希望通过商务实例来了解和消化商务知识。在今后的商务实践课程中,我们可以创设真实性场景,使实践教学过程仿真化,以期实践效果最大化。

　　基于以上商务英语专业人才培养需求调研结果,上海对外经贸大学商务英语专业提出了"语言+跨文化沟通+商务实践"三通人才培养模式。下文将从课程体系与教学资源建设、高层次商务英语教学团队建设、强化商务英语实践教学环节、商务英语教学方式改革、商务英语教学管理改革描述三通人才培养实施路径,并总结三通人才培养模式实施效果。

三、"语言+跨文化沟通+商务实践"三通人才培养模式

　　上海对外经贸大学(原上海对外贸易学院)的商务英语教学历史悠久,先后经历了"外贸英语""经贸英语""英语(商务英语方向)"等发展阶段。2007年经教育部批准,改称"商务英语专业",正式纳入国家招生计划。2008年面向全国招生,生源质量较好。为配合上海"十二五"规划中明确提出的建设国际经济、金融、贸易和航运中心的设想,满足上海对熟谙各种文化和贸易规则的复合型高级语言人才的需求,同时结合学校办学定位、学科特色和服务面向,自2008年起,上海对外经贸大学的商务英语专业建设着力突出本校英语专业建设的商务特色,打破传统局限,将英语教学、跨文化沟通和国际商务等传统的学科界限打通,改革以往陈旧简单的"用英语讲授商务知识"的教学方式和课程设计,将素质教育渗透到理论教学和实践教学环节中,形成了强调跨文化沟通能力培养、英语与商务知识相结合、课堂教学与实践教学相结合、教师教学与科研相结合、专业辅导讲堂与学生自我教育相结合,重实践环节教学、强外语应用能力和文化内涵的新型商务英语人才培养模式。该模式致力于培养"语言+跨文化沟通+商务实践"三通

人才,成为教育观念先进、改革成效显著、特色更加鲜明的专业亮点,具有引领我校其他专业或国内同类型高校相关专业的改革建设的示范作用。

从毕业生跟踪调查发现,该校商务英语专业学生的就业岗位主要是:①各类涉外企业、事业单位基层管理人员;②涉外企业营销人员;③各类企业初级翻译人员;④银行涉外从业人员;⑤涉外企事业单位秘书工作人员;⑥企业广告、公共关系等文案创作人员;⑦涉外企业人力资源管理人员等。该专业学生的就业竞争优势较为明显,在商务专业知识方面可以与其他英语专业学生竞争,而与经贸类、理工类学生相比,该专业学生的英语语言能力明显占优。

该专业主要通过以下路径优化商务英语人才培养模式,使人才培养规格符合社会需求:①课程体系与教学资源建设;②高层次商务英语师资培养;③强化商务英语实践教学环节;④商务英语教学方式改革;⑤教学管理模式改革。

1. 三通人才培养模式实践路径之一:课程体系与教学资源建设

人才培养目标要通过课程体系的合理设置和有效实施得以体现。Richards(2001)认为课程设置"主要决定学生在学校学习什么知识、技能和价值观,并给学生提供什么样的体验来达到意向中的学习结果,从而对学校或教育系统中的教育和学习进行规划、测量和评估"。根据这一理念,专业课程设计要解决教什么,学什么,如何决策,如何分析,如何评估这一循环过程,具体如图1-2。

商务英语专业作为一门应用型学科,其课程设置应以就业为导向。上海对外经贸大学商务英语专业依据商务英语专业发展的历史和调研社会对商务英语人才需求的结果,改革重组了课程体系。课程设置以学生综合能力培养为基点,以英语交际能力发展为主线,以跨文化商务沟通能力和商务操作能力培养为侧重点,通

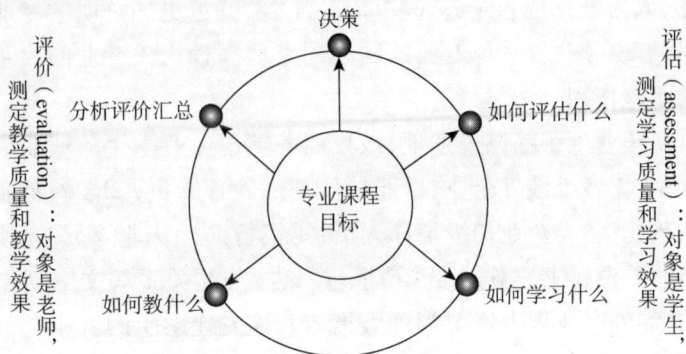

图 1 - 2 专业课程设计

过课程的合理整合,形成脉络清晰的专业课程模块,最大限度地优化整体结构,确保学生专业知识与能力的循序形成和巩固拓展。专业知识能力课程体系包括四大模块:①语言知识与技能模块;②商务知识与技能模块;③跨文化交际能力模块;④人文素养模块。具体课程模块描述如表 1 - 1:

表 1 - 1 商务英语专业知识与能力目标

	主要类型	能力指数
专业知识与能力	语言知识与技能	1. 语音、语法、词汇等
		2. 听说读写技能
		3. 口笔译技能
		4. 语言交际能力
		5. 语言学习策略
	商务知识与技能	1. 经济学
		2. 管理学
		3. 法学(国际商法)
		4. 商务技能

（续表）

	主要类型	能力指数
专业知识与能力	跨文化交际能力	1. 跨文化认知能力
		2. 跨文化适应能力
		3. 跨文化沟通能力
	人文素养	1. 思想道德
		2. 创新思维能力
		3. 中外文化素养

通过修订商务英语专业培养方案和指导性教学计划（详见附录一和附录二），该专业确立了新型的商务英语课程体系。在教材体系建设中，该专业将培养"语言+跨文化沟通+商务实践"三通人才的思路和经验固化到教材中；围绕教学模式的优化和课程设置的改革，全面统筹，明确规划，建设了一支精良的教材编写队伍，同时完善引进教材的更新机制，正在编写的 11 部《高级商务英语系列教程》已由外语教学与研究出版社陆续出版。

2. 三通人才培养模式实践路径之二：高层次商务英语教学团队建设

本专业建立并健全了教师海外培训、交流和深造的常规机制，师资队伍建设由注重高学历教师数量增长向注重教师质量提高转变，为培养教学能手、科研标兵打下了坚实的基础。坚持选派教师去澳大利亚昆士兰大学、英国中央兰开夏大学进行教学法和商务英语特色教学培训，教师通过学习国外的课程开发与设计、教学模式、评价方法的优势与特点等，将其合理地运用到我们的教学中，教师的业务水平不断提高，教学质量不断提升。为构建以培养学生跨文化沟通能力为主线的教学团队，该专业组建了一支由多国知名学者共同参与的文化翻译与研究团队，为本专业的教学团队提供了新鲜血液。此外，该校与英国中央兰开夏大学的商务英语专业有长达十数年良好的合作关系,在课程体系建设、师资培养、合作办学方面一直互相借鉴。通过引进合作,进一步完善商务英语教学队伍的1+1+1模式,即应用语言、商务英语和商科教师相结合的教学团队。这支队伍职称、学历、学缘与年龄结构合理,具有丰富教学或商务实践经验。在工作中,他们互相磨合、互相启发,提升了学生的素养。

3. 三通人才培养模式实践路径之三:强化商务英语实践教学环节

结合专业特点和人才培养要求,进一步增加商务英语实践教学比重,确保专业实践教学必要的学分(学时)。改革实践教学内容,改善实践教学条件,创新实践教学模式,增加综合性、设计性实验,倡导自选性、协作性实验。配齐配强实验室人员,鼓励高水平教师承担实践教学,改善了教学条件,丰富了师生的教学和研究资源,信息化教学环境建设成果显著。加强实验室、实习实训基地和实践教学共享平台建设。结合全球通用商科人才培养和商务英语专门人才培养的需要,在语言实验中心和口译实验室建设等方面持续投入,购置相应的设备与仪器,开发升级商务英语口译软件,"商务英语口译阶梯训练""商务英语应用能力自主训练"等多媒体教学软件的二期开发及推广工作顺利完成。学生可以充分利用课外时间,在语言实验中心和口译实验室进行上机操作,通过自主学习和协作学习,有效提高学习效果,弥补了课时不足的遗憾。这种新颖的商务英语信息化学习环境改变了学生的被动学习状态,对学习效果的提高起到了极大的正向作用。

4. 三通人才培养模式实践路径之四:商务英语教学方式改革

在人才培养模式改革实施过程中,针对教学工作的各个环节,形成了覆盖课程开设—教学文件编写—教材选用—教学任务安排—课程小组备课—课堂教学监控—考试(命题、监考)/论文指导/实习指导—阅卷/论文评阅/实习评价—成绩分析的教学流程。

专业实习有明确的目标和内容,配备实习指导教师,实习报告齐全,对实习有总结要求。注重开展以任务为中心的、形式多样的教学活动,采用任务教学法、案例教学法、模拟教学法、项目教学法、多媒体网络教学法等教学方法,充分调动学生的学习积极性和兴趣,最大限度地使学生参与学习的全过程。

根据《高等学校商务英语专业本科教学要求(试行)》的要求,深化商务英语教学研究、更新教学观念,注重因材施教、改进传统的商务英语教学方式,依托信息技术、完善教学手段,取得了具有鲜明专业特色的教学改革成果。组织团队辅导并鼓励学生参与各种英语大赛和商务实践项目,充分调动学生学习积极性,激励学生加强自身竞争力。

该专业还积极促进教师的科研与教学互动,及时把科研成果转化为教学内容。支持本科生参与科研活动,早进课题、早进实验室、早进团队。加强商务英语专业教学研究支撑与该特色专业相适应的教学研究,发表了不少优秀的论文与专著,承担并完成一定量的本科教学改革项目。

5. 三通人才培养模式实践路径之五:商务英语教学管理改革

上海对外经贸大学商务英语专业坚持"三点五线式"的管理模式。三点即开学、期中、期末三个节点进行课堂教学检查,五线即教学管理制度建设、教学质量评价体系建设、专业建设、课程建设、师资队伍建设,这些管理方式为教学方案的实施提供了保障。

该专业形成了"学院—专业—教研室"三层面的教学管理单位,层层渗透,职责明确,落实教研室工作,定期展开教研室活动,加强专业教师之间的联系,加强领导与教师之间的沟通,打破学科界限,鼓励商务英语专业教师与其他专业教师互通有无,拓展知识维度。加强教学过程管理,从课程设置、教学任务分配到教学业绩考核结合教师专业特长和教学特色,形成有利于支撑综合改革试点专业建设,有利于教学团队静心教书、潜心育人,有利于学生全面发展和个性发展相辅相成的管理制度和评价办法。建立健全严格的教学管理制度,以教学促科研,鼓励在专业建设的重要领域进行探索实验。

四、三通人才培养模式应用效果

2008 年以来,该校商务英语专业人才培养模式改革贯彻"以学生成才为本"的理念,充分发挥师资队伍优良、教学水平高,教学质量好的优势,每年向社会输送具有跨文化沟通能力创新能力强的"复合型"商务英语专业本科毕业生 90 余人,就业率保持在96.91%,高于全校的 95.40% 的总就业率,学生就业方向均为竞争激烈的银行、政府机关、外资和知名的中资企业。由于商务英语专业人才培养以复合型、应用型、国际化为重点,毕业生得到了社会用人单位的高度认可。用人单位对该专业毕业生比较一致的评价是:精英语、通商务,跨文化商务沟通能力强。较多毕业生获得上海市优秀毕业生和校优秀毕业生称号,并且多人次在全国各类英语竞赛中获奖,得到社会认可。

上海对外经贸大学商务英语专业在专业培养目标中还强调了学生创新实践能力的培养,并将其引入教学过程,让学生在老师的指导下进行一系列创新实践活动,使学生具有明显的专业特长和创新能力,几年来的实践效果显著。2011 年,商务英语专业学生获得了 8 个"第二轮上海大学生创新活动计划"项目的资助,占外语学院获得项目总数的 88.8%。近两年商务英语专业学生在各类英语竞赛中也获得了一系列的优异成绩,其中主要有:"华澳杯"英语演讲比赛二等奖、"剑桥商务英语"亚洲区半决赛一等奖、第十四届"21 世纪联想杯"全国英语演讲大赛华东区一等奖、上海市第六届"昆士兰"杯学生英语演讲比赛大学组第一名、2010 年第六届上海市大学生影视翻译配音邀请赛一等奖、2010 年"21 世纪杯"全国大学生英语演讲比赛中上海赛区一等奖、2011 年全国全英商务策划大赛三等奖、2012 年第十届华东地区"21 世纪华澳杯"大学生中澳友好英语大赛一等奖、2012 年"第四届海峡两岸口译大赛华东地区区级赛"一等奖。

该专业在人才培养模式创新、课程改革、师资队伍建设上所取得的成果和有益经验,同时对该校商务日语和商务法语等相关专业群产生辐射效益;专业群的共同发展,将形成品牌效益,期待成为华东地区具有一定影响力的商务外语特色专业群。此外,商务英语专业实践平台建设可实现资源共享,为学生提供实习实践机会。

为了进一步促进中国高校商务英语教育的改革与发展,充分发挥本成果的辐射效应,该专业将继续以上海市"商务英语"专业综合改革试点项目为契机,坚持不懈探索人才培养模式的优化研究与改革实践,加强与业界同行的交流,互通有无,合作共建,把握商务英语发展走向。坚持以英语能力为抓手,跨文化沟通能力为基础,国际商务知识为导向,因材施教,努力在文商、情商、智商等方面多方位打造学生的综合能力,培养复合型"语言+跨文化沟通+商务实践"三通商务英语人才。

人才培养方案是培养人才的基本。怎样构建专业人才培养方案。使得英语类课程与商务类课程有效结合,实现学生知识体系的整体化,以达到培养复合型人才满足社会的需要,是一个复杂的又亟待解决的问题。从理论上来说,商务英语专业人才培养方案体系是指按照教学大纲开设的教学科目、科目之间的结构关系和各科目的学分与学时比重的关系所形成的一套体系。

第二章

课程标准

第一节　义务教育阶段英语课程标准研究

　　课程标准是规定某一学科的课程性质、课程目标、内容目标、实施建议的教学指导性文件。课程标准与教学大纲相比,在课程的基本理念、课程目标、课程实施建议等几部分阐述的详细、明确,特别是提出了面向全体学生的学习基本要求。率先启用"课程标准"的是 2001 年基础教育实施的《全日制义务教育普通高级中学英语课程标准(实验稿)》;以此为依据,2003 年《普通高中英语课程标准(实验稿)》出台;2000 年教育部颁布《高等学校英语专业英语教学大纲》;2009 年教育部颁布《中等职业英语教学大纲》,这些课程标准或大纲对不同阶段的中国英语教学进行了规范。本节将分别对中国义务教育阶段的英语课程标准、中等职业教育阶段英语教学大纲进行解读,从而推导高等教育阶段的商务英语核心课程标准。

　　上世纪末,世界许多国家为增强综合国力,不约而同地开始了教育改革。顺应这一强劲的教改大潮,中国内地和香港地区也相继发起了新一轮的课程改革。2001 年国家教育部颁布了《全日制义务教育英语课程标准(实验稿)》(以下称课程标准),香港地区也于 2002 年制定了新的英语课程指引(以下称课程指引)。黄显华(2000)运用内容分析法对课程要素做出了较为详尽的分析,提到了目标、教学机会的选取、教学组织、学习方法、评价方法、实施方法、学习时间、学习空间、对课程的整体看法或研究等要素。该项研究综合了前人的理论,对课程设计的要素进行了深入的扩展延伸,因此本节将以此课程设计模式为蓝本对香港和内地两套英语课程标准文件进行比较分析。

一、目　标

(一) 社会、政治、经济和文化等因素与目标的关系

课程指引指出"课程总体目标是使每一个学习者能够适应信息科技进步带来的社会和经济需求的改变,包括以英语为手段,以娱乐、学习或工作为目的,从事资料的翻译、使用和创造。"课程标准则提及"英语教育的现状尚不能适应我国经济建设和社会发展的需要,与时代发展的要求还存在差距。"两份课程文件都不约而同地体现了课程目标与社会、经济等因素的密切关系:目标须针对时代需要,积极适应社会对人才的需求。两份课程文件均重视文化与英语教育的关系。两地的课程文件中也同时出现了目标表达语句,例如课程指引中提到"提供学习者扩展有关其他国家的知识和经验的机会",课程标准中出现了有关"提高跨文化意识","帮助学生了解世界和中西方文化的差异,扩展视野"的规定。

值得一提的是,课程标准指出的目标包含"培养爱国主义精神,形成健康的人生观",这反映了政治环境对课程目标确立的影响,由于历史的惯性,内地尤其重视政治因素。

(二) "以学习者为本"与目标的关系

"以学习者为本"即围绕学习者各方面的特性,正确处理学生、知识和社会三者间的关系,合理构建指向学生发展的整合的课程结构。两地的课程文件总体都强调"以人为本"和学生多元化

发展,照顾个别差异,但具体体现的方式略有不同。课程标准提出"课程从学生的学习兴趣、生活经验和认知水平出发",应"突出学生主体,尊重个体差异。学生的发展是英语课程的出发点和归宿,英语课程在目标设定,教学过程,课程评价和教学资源的开发等方面都突出以学生为主体的思想"。课程指引提及"每个班级是由具有不同动机,学习方式,倾向,需求,兴趣和能力的学生组成,教师应当考虑每个学生的差异,正确地帮助他们学习"。可是两地课程文件均没详细地说明学习者有哪些特性,而课程目标又如何应这些特性作调适。

(三) 目标的清晰程序

课程标准将"培养学生的综合语言运用能力"这一总体目标细化为"语言技能""语言知识""情感态度""学习策略"和"文化意识"五个方面,分九个级别详细描述了学习者学习之后预期应取得的成果,体现了对英语语言学习者发展性学力培养的重视。课程指引则从"人际交流""知识"和"经验"三个维度出发,制定了不同阶段的目标。

二、教学机会选取

(一) 教材选取与目标的关系

"教材是一定时空背景下,教育理论,课程目标,学科知识和科技发展水平的'物化',是教育目标与教学活动的中介。"课程标准中醒目地强调"英语教材要以英语课程标准规定的课程目标和教学要求为编写指导思想",课程指引则只是在"教材的使用"部分才提到"教师使用教材时必须牢记本阶段的学习目标","将教材内容与学校英语课程标准相比较,确保其涵盖了学习目标。"显然,课程标准对教材与目标一致性关系的规定较课程指引更为明确，有利于更好地保证教材的正确选取。

（二）　教材选取的标准

课程标准列出了教材选取和编写的五个原则：发展性和拓展性原则、科学性原则、思想性原则、趣味性原则、灵活性和开放性原则。课程指引则认为"学校选取教材时应当根据学生的需求，能力和兴趣，考虑到他们已经知道什么，需要学会什么，和什么可以提高他们的兴趣和学习效率"。相比之下，课程标准对教材选取标准的界定趋于取向型，而课程指引则基本是以学生为中心的功能型。

（三）　适应个别差异的程度

课程标准在教材的选取原则中规定"在不违背科学性原则的前提下，教材应该具有一定的弹性和伸缩性，允许使用者根据自己的实际需要，对教材内容进行适当的取舍和补充。教材除了包含课程标准规定要求掌握的内容以外，还应提供一定量的额外内容，供有能力的学生选择学习"。而课程指引则除了强调学习者个体差异外，还指出了校本课程的存在，对差异的重视程度胜过内地。

三、教　材　组　织

（一）　教材序列性的原则

课程标准规定教材的编写要"依据语言学习的客观规律，充分体现不同年龄段和不同语言水平学生的学习特点和学习需要。教学内容和教学需求需体现循序渐进的原则，应该由易到难，从简单到复杂逐步过渡"。课程指引则没有关于这方面的论述，有必要加以完善。课程标准还进一步指出，"低龄阶段或初期阶段的教材要重视语音基础和听说能力的培养,高级阶段要侧重培养学生的读写能力"。这些规定体现了英语学习的特点,遵循了学生认知水平的发展,可以说是课程标准的一大亮点。

(二) 与其他学科的关系

内地课程标准没有提及英语教学和其他学科的联系,但香港课程指引强调了跨学科课程设计,要求英语教师多与其他学科教师合作,从教学内容、教学活动和评价资料等方面将英语学习和其他学科内容联系起来。

四、教学方法建议

(一) 教学工作的组织

课程指引在课程规划中专门论述了中央课程规划,开发校本课程规划,合作研究和发展课程的项目,在学校、社区、高等教育部门和政府教育部门合作研究的基础上促进课程发展、传播课程改革经验并培养课程改革和设计的领头人,可见香港对教学行政组织的能动性与课程研究的重视。良性运作的行政组织对课程与教学工作会大有裨益,这样一个显而易见的理念在课程标准中没有被提及,说明内地的课程改革忽视研究促进教学的作用,缺乏探究改革效果的眼光,因此可能会影响课程的进一步完善和发展后劲。

(二) 教师与学生的角色

课程标准中教学建议部分十分详尽地列举出九项教师的教学原则,明确学生应自主学习,教师是学生学习的引导者和组织者。香港则描述性地表明教师应当规划并组织活动以最大限度地增加学习者课堂内外接触英语的机会,教学是以学生为中心的任务型教学。

（三）学生自学能力和思维能力的培养

课程标准建议"教师要为学生提供资助学习和相互交流的机会以及表现和自我发展的空间"。课程指引所提倡的以学生为主的教学方式就是鼓励学生独立学习，还专门讨论了教师如何帮助学生自主学习。在对学生思维能力的培养上，内地和香港都很重视，例如课程标准在教学建议中提出"教师要设计探究式的学习活动，促进学生实践能力和创新思维的发展"；课程指引则列出"交流，构思，询问，解决问题和推理"是学习和使用知识的五种基本方法。

五、学生学习成果评价方法建议

（一）评价的目的

Eisner(1985)认为评价共有五个主要功能：①诊断；②改良课程；③比较；④估计教育需要；⑤确定目标是否达成。课程标准指出英语课程的评价有监控教学，提供教学反馈，改进课程的功用。课程指引则举出通过反馈衡量目标实施情况，判断学习过程和结果等评价的目的，还强调了标准比较而不是筛选比较的评价原则，使教学评价更加人性化，更关注学习者个人的发展。

（二）评价的形式

两地的课程文件都提到采用形成性评价和终结性评价相结合的方式，充分发挥多种评价的功能，取向上趋于一致。在评价采用的具体方法上，香港和内地都很多样，例如纸笔及口头问答，测验，游戏，演讲，方案研究，学习档案，过程写作等。而课程标准则列出听力、课堂学习活动评比、学习效果自评、问卷调查、访谈、家长对学生学习情况的反馈与评价等等，它们为教师的教学行为提供了很好的指引。

课程标准不但在评价形式上，而且还在终结性评价的细节问题上做出了规定，例如"听力测试在学期学年和结业考试中比例不得少于 20%；避免单纯语音知识和语法题，增加具有语境的应用性试题，减少客观题，增加主观题；不得公布考试成绩和排名"。课程标准还对低年级的教学评价的特殊性作了专门论述，认为低年级应以形成性评价为主。由此可见，课程标准在评价方面的规定比课程指引更加细致科学。

第二节 《中等职业英语教学大纲》解读

　　2009 年教育部颁布的《中等职业英语教学大纲》(以下简称《大纲》)中明确指出,中等职业学校英语课程的任务是"使学生掌握一定的英语基础知识和基本技能,培养学生在日常生活和职业场景中的英语应用能力",《大纲》还建议教学中要"引导学生在完成任务的过程中,体验语言,培养技能,积极实践,提高语言综合应用的能力"。这一系列规定凸显了对学生语言能力(competence)和语言运用(performance)综合能力共同发展的要求和目标。20世纪 60 年代以来,许多语言研究者随从 Chomsky(1965)的观点,把语言能力和语言运用分裂开来,他们所指的能力(competence)仅仅是语言能力(linguistic competence);忽略了学习者的语言同语境之间的相互关系。而 Hymes(1972)提出的交际能力(communicative competence)则同时包含了语言能力和语用能力,强调学习者不仅能产出合乎语法的句子,同时他的语言也必须适合当时的语境,这正呼应了《大纲》中所倡导的培养"学生在日常生活和职业场景中的英语应用能力"以及"语言综合应用能力"。本节将借助于同样强调了语言能力和语言运用的融合(Johnson,2004)[173]的二语习得交互理论,以求更深入地了解《大纲》在促进学生语言能力和语言运用能力共同发展方面的精神,为广大中等职业教育工作者在教学中执行《大纲》提供理论指导。

一、二语习得理论

第二语言是指学习者学会母语后在课堂内或课堂外再学习的另一门或二门、多门语言。第二语言习得(以下简称二语习得)研究始于西方20世纪60年代末,即从1967年Corder发表其经典论文 *The Significance of Learner's Errors* 开始。长期以来各种语言学流派对第二语言习得(acquisition)与学得(learning)这一对重要的概念持有不同的观点。人们通常把二语习得与母语和第二语言联系在一起。美国语言学专家克拉申认为:成人有两种不同的互为对立的发展第二语言的方法(Krashen,1985)。第一种方法是语言习得。这是一种潜意识的过程,习得者通常没有意识到自己在习得语言,而只是意识到用语言交流。第二种方法是语言学得。这是一种自觉认知的过程,学习者通常是了解并掌握这些规律。但有许多语言学专家、学者对此持有不同的观点。这些观点见仁见智,难达共识,但绝大多数人与克拉申的观点持有相反的看法,他们认为二语习得与学得之间没有实质性的区别(Stern,1983;Littlewood,1981;Ellis,1985),其中Ellis(1985)将语言习得定义为自然地或有指导的情况下有意识地学习或无意识地吸收掌握母语外的一门语言的过程。

二语习得研究自20世纪70年代开始兴盛起来,近40多年的发展已经取得了令人瞩目的成就,使其成为一门独立学科,研究内容涉及语言学习者的语言特征(如纠错、语言习得顺序、语言变化等),语言学习者的外部因素(社会情境、语言输入和交流等),语言学习者的内部机制(母语转换、学习过程中的交流、共同语素的知识等)以及语言学习者自身(动机、情感因素、学习策略等)(Ellis,1994)。二语习得理论众多,概括起来,它们大致可分为三大派别:先天论(Nativist theories of SLA)、环境论(Environmental theories of SLA)和相互作用论(Interactionist theories of SLA)(Larsen-Freeman et al, 1991a)。这些理论为人们加深对二语习得的认识带来了新的理念和视角,对改进二语教学提供了可供借鉴的理论依据,发挥了巨大作用。对于二语习得研究和语言教学的关系,有学者认为,二语习得研究虽然不能为教学提供直接可资借鉴的、便于操作的成果,但是能加深对学习活动及教学活动的理解(肖云南等,2004);二语习得研究与语言教学实践是一种相辅相成的关系,前者为后者提供原则和理论,后者为前者提供实践园地、进行行动研究并提供实证,从而得出更为科学的研究结果(Larsen-Freeman et al, 1991b)。

表2-1　二语习得三类理论总览

二语习得论分类	分类依据	二语习得的理论与模式	主要观点
先天论	人生来具有一种语言学习的内在机制。	普遍语法	语言共同要素的存在—语言习得机制包含一系列的规则,来解释学习者如何习得语言或怎样构建语言。
		监控模式	先天的内在语言机制加上可以理解的语言输入会形成语言能力。
环境论	环境因素将提高学习者模仿,训练和反馈。习惯的养成是有效的习得方式。	文化迁移模式	学习者与目标语言的距离越近就学的越多。
		PDP 模式	语言习得是刺激和反应不断结合的结果。

（续表）

二语习得论分类	分类依据	二语习得的理论与模式	主要观点
交互论	语言习得是与他人互动的有规律的文化活动	中介语理论	学习是个认知过程,中介语是不断向目标语言变化的中间状态形式的语言。
		多元发展模式	语言学习中的互动是必需的。

　　Larsen-Freeman & Long(1991a)的第二语言习得理论分类方式强调了语言习得中外在环境和学习者内部变量之间的相互影响(Ellis,1994;Larsen-Freeman,1991a)。因此,教师能从中获得启发,知晓如何为学习者创造更好的教与学的环境。表2-1简要列出了三类二语习得论中的一些理论以及它们的主要主张。

　　1. 二语习得先天论

　　传统的语言学理论严格区分语言能力和语言运用,并强调语言能力,在学习者的心理和社会过程之间划分了严格的界限,强调第二语言能力普遍心理过程的研究和解释,而语言运用的研究屈

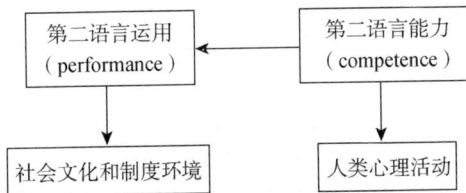

图2-1　先天论中第二语言能力和第二语言运用的关系

居次要地位。先天论学者(Chomsky,1965;Bickerton,1981;Krashen,1985;Felix,1985;Hawkins,2008)认为,语言习得,包括第二语言习得,是人类先天具有的语言习得机制的产物。他们的观点是,既然无法解释为什么人类能够了解和掌握某种语言规则,而这种规则却是他们无法从接触到的语言输入中获得的,那么这

种规则只能来自于人类大脑中固有的语言习得机制。在语言能力和语言运用的关系上,先天论强调语言习得过程中学习者个体内在机制的作用,偏向语言能力主导(如图2-1)。

　2. 二语习得环境论

　　与先天论相悖的环境论认为,更为重要的不是先天因素,而是后天的经验。早期的环境论以行为主义的刺激——反应理论为基础,认为语言是一套行为习惯,语言习得是这种行为形成的过程。近年来,环境论阵营里的领军人物当数 Schumann(1978)与 McLaughlin(1987)。Schulmn(1978)认为学习者在第二语言学习过程中深受与以第二语言为母语者之间社会和心理上差距的影响。社会差距指学习者作为社会群体中的一员与操另一种语言的社会群体的接触障碍;心理差距指学习者作为个体所受到的负面影响因素。这些社会和心理变量构成第二语言习得的一个重要因素:"文化迁移",即学习者适应一种新文化的过程。在语言能力和语言运用的关系上,环境论强调环境因素在语言习得过程中的作用,偏向语言运用主导(如图2-2)。

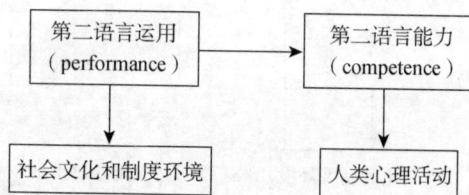

图 2-2　环境论中第二语言能力和第二语言运用的关系

　3. 二语习得交互论

　　与先天论和环境论不同,二语习得交互论强调学习者的内在因素和社会文化因素之间的互动,从而丰富了第二语言习得理论,也为研究第二语言习得提供了新的研究方法。交互论学者(Pica, 1994; Long, 1985)认为第二语言习得不应被看作一种能力,而应是一种行为。第二语言的习得不是来自于人类思维觉醒,而是依赖于社会文化和机制间的相互作用。在这个全新的二语习得模式中，语言的运用发生在真实的社会环境中。社会环境创造语言，语言造就社会环境，两者相互促进。本模式主张语言能力和语言运用间相互作用，而不是语言能力优先或语言运用优先（如图 2 - 3）。

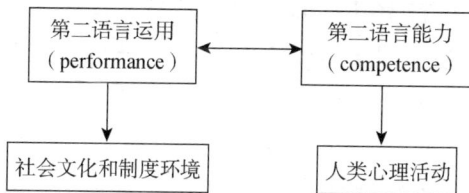

图 2 - 3　第二语言能力和第二语言运用的融合

二、二语习得交互论与新《大纲》

Johnson（2004）[174]也提出了语言运用与语言能力之间的辩证互动关系框架（如图 2 - 4），在这种关系框架下，学习者与环境、周围的人，甚至与自己内心都在发生互动。在互动过程中，学习者不断修改自己的语言，使之越来越接近目标语言。这便是二语习得交互式理论的精髓所在，《大纲》也渗透了这种理念，主要表现在学生与环境，学生与教师之间的互动关系上。

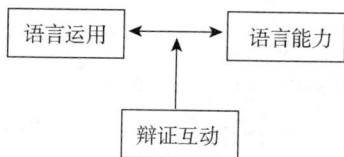

图 2 - 4　第二语言运用与第二语言能力的辩证互动

1.《大纲》中的学习者与环境间的互动
《大纲》在职业模块的教学建议中规定，"教学要结合行业的世界需求,利用真实场景或设置虚拟场景,选择真实或实用的语言材料"。课堂尽可能地与实际环境相似,这种将语言课堂看成是目标语的社会环境的教学方式,能教会并鼓励学生积极地进行语言能力和语言运用之间的互动,语言使用和语言学习同时进行,语言使用可以促进语言学习,这既是认知活动又是社会活动。《大纲》所设计的这种语言课堂教学方式优势在于将认知和社会两大分支,亦是二语习得天生论和环境论,在交互式模式中结合起来。

2. 新《大纲》中的师生互动

2009年的《大纲》强调了师生之间在语言习得过程中的互动。例如,教学建议中规定,"教学要以学生为本,发挥学生的自主性,建立融洽的师生互动关系",以此提醒教师要注意与学生之间的交流,对其进行学习指引,帮助学生在语言运用中提高语言能力。《大纲》还指出,"教师要尊重学生的差异,为其提供多种学习选择。对于基础薄弱的学生要进行补偿教学,对学有余力的学生要进行拓展教学,适应学生的个性发展需求,使每个学生均学有所得"。教师可以根据学生的第二语言能力状况,调控他们语言使用的环境、方式、内容等等,从而使学生接受到适当的语言输入刺激,促进他的第二语言的调适和发展,这样的过程应是循环向上发展的。

(三) 从二语习得交互论理解《大纲》对教师教学的规定

1. 因材施教,分级教学

二语习得的顺序研究以及发展阶段研究表明,二语习得是有顺序有规律的,《大纲》在教学内容和要求上充分体现了对这种规律的尊重,将基础模块分为基本要求和较高要求;学有余力的同学还可以选择职业模块和拓展模块,充分考虑到了个体在二语习得过程中的差异。

2. 加强教学研究,改进教学方法

《大纲》号召"教师要加强教学研究,积极参与教学研究活动,研究职业教育的英语教学规律,总结,交流教学经验"。二语习得的研究可以帮助教师掌握习得规律,了解英语教学的基本方法。二语习得研究认为,教师不仅仅是专业知识的源泉和导师,还应是学生学习的辅助者,课堂活动的协商者、参与者和合作者及心理支持者(周平等,2003)。中职英语教学通常在课堂里进行,语言输入量非常有限。教师应力求教学过程科学化,能够充分利用计算机辅助教学的优势,科学、合理地设计教学过程,使之符合循序渐进、分级教学和分类指导的原则。这一点在《大纲》的现代教育技术应用建议中也有提到。

3. 调动学生的内驱力

《大纲》要求,教师要培养"学生积极的情感和态度"。教师可以充分利用业余时间,积极开展各种英语交际活动,调动学生学习英语的积极性。例如:英语故事角色表演、英语日记讲述、英语园地、英语论坛、英语角等活动,通过活动让学生进入到学习英语的状态,从而树立学生学习英语的信心,培养学生学习英语的兴趣。利用教材中的知识点和文章背景,适当穿插一些生动的英语故事情节、幽默的英语笑话、国外的风土人情等的内容,使枯燥的英语学习变得生动有活力,逐渐形成浓厚的学习氛围,慢慢养成学生和教师互动的习惯。

综上所述,《中等职业英语教学大纲》中采用了二语习得交互理论,这将有利于学习者的交际能力,即语言能力和语言运用能力的综合发展。在今后的教学中,教师应注意与学生的互动,培养学习者与环境的沟通,促进学生的语言习得水平尽快提高。

第三节　高校商务英语课程标准

商务英语涉及商务和英语两个学科,因此各校对如何界定和定位一直难以统一,所开课程体系差别很大。张佐成(2004)曾指出,国内很多的商务英语课程教学其实是用英语讲授商务知识,实际上是朝"英语商务"的方向发展。刘法公(2003)认为,商务英语是英语基础教学的延伸,是从基础能力培养向英语应用技能培养的过渡。因此商务英语课程应开设在英语专业,在《高等学校英语专业英语教学大纲》(2000)的指导下,执行《高等学校商务英语专业本科教学要求(试行)》(2009)(后简称《教学要求》)规定的核心标准。

课程标准逐渐取代过去的教学大纲,成为确定一定学段的课程水平及课程结构的纲领性文件,一般包括课程标准总纲和各科课程标准。前者是对一定学段的课程进行总体设计的纲领性文件;后者是依据一定学段的课程总体设计,具体规定某学科教学目标、教材纲要、教学要点、教学时数和教材编订的基本要求,是组织教学、编写教材与检查教学质量的依据。我国现行的英语课程总纲性文件当属后者,对商务英语课程标准的制定有着指导意义。

现行的指导性文件基本包括主要的课程要素:目的和内容——学什么,课程计划要达到什么样的目的;课程教学——怎样教,包括教学方法、学时分配、内容的挑选和安排、教学模式以及教学媒介等;教学评价——教学是否达到目标。

商务英语核心课程标准从三个视角可设为八个部分：①课程的职业导向：职业描述；②课程的目标：课程定位、能力目标；③课程的内容与实施（突出过程与情境）：课程划分、时间安排、课程设计思路、能力测试与考核方式、实践教学。

一、商务英语课程的职业导向

高等学校商务英语专业旨在培养具有扎实的英语基本功、宽阔的国际化视野、合理的国际商务知识与技能，掌握经济、管理和法学等相关学科的基本知识和理论，具备较高的人文素养和跨文化交际与沟通能力，能在国际环境中用英语从事商务、经贸、管理、金融、外事等工作的复合型英语人才。

二、商务英语课程的目标

1. 课程定位

本专业学制四年，颁发商务英语专业本科毕业证书，授予文学学士学位。专业分级教学要求划分为三级：入学要求、四级和八级。学生二年级结束达到商务英语专业四级水平，四年级毕业时达到八级水平，各级别对语言知识与技能、商务知识与技能、跨文化交际能力和人文素养都提出了明确要求。专业课程教学是实现人才培养目标的主要途径，商务英语专业应围绕知识、能力和素质开展课程教学，具体处理好以下六对关系：①商务知识与语言能力的关系；②跨文化交际能力与语言能力的关系；③自主学习与课堂教学的关系；④人文素养与专业素养的关系；⑤实践教学与理论教学的关系；⑥现代信息技术与传统教学手段的关系。

2. 专业知识能力目标

商务英语专业知识与能力由四个模块(语言知识与技能、商务知识与技能、跨文化交际能力、人文素养)和 15 个分项指标构成。语言知识与技能指使用英语开展商务活动所需的语言知识与技能,是商务英语专业所培养的专业能力,包括:①语音、词汇、语法知识;②听说读写技能;③口笔译技能;④语言交际技能;⑤语言学习策略五个分项指标。商务知识与技能指的是未来学生从事商务、经贸、管理、金融、外事等工作将要用到的相关知识和技能,要求学生对普通和专业商务知识进行系统掌握,并在此过程中逐步培养学科思维和创新能力,包括:①经济学;②管理学;③法学(国际商法);④商务技能四个分项指标。跨文化交际能力指具备全球意识,通晓国际惯例和中外文化和礼仪,按国际惯例从事各种国际商务活动,处理各种关系,用英语沟通和完成工作的能力,包括:①跨文化思维能力;②跨文化适应能力;③跨文化沟通能力三个分项指标。人文素养指政治立场坚定、热爱祖国、思想道德情操高尚,熟悉中外文化传统,有较扎实的汉语基本功和口笔头表达能力,熟悉英语国家的地理、历史、文学文化传统、人文知识、风俗习惯;包括:①政治思想素养;②创新思维;③中外文化素养三个分项指标。

三、商务英语课程与实施

1. 课程划分与时间安排

《教学要求》要求,4 年的专业课总学时最少不低于 1800 学时(不包括公共必修课和公共选修课),各校在安排教学计划时,可根据本校的培养目标、专业特色及现有教学条件,开设相应的专业必修课和选修课,安排教学时数。各课程群开课时数的大体比例为:语言能力课程约占 50%~60%,商务知识课程约占 20%~30%,跨文化交际能力课程约占 5%~10%,人文素养课程约占 5%~

10%,毕业论文(设计)与专业实习约占15%(不计入总课时)。建议开设12门核心课程和其他若干选修课程。

2. 课程设计思路

商务英语本科专业学制为4年,4年的教学过程分为两个阶段:基础阶段(1~2年级)和高年级阶段(3~4年级)。基础阶段的英语教学着重打好英语基础,培养学生语言运用能力和跨文化交际能力、学习策略意识和良好的学风,为进入高年级打下扎实的专业基础。高年级阶段在继续提高英语水平的同时,重点提高商务专业知识,有选择地学习经济学、管理学、国际商法等商务专业知识,提高跨文化交际能力。两个教学阶段中课程设置应有所侧重,保持4年教学的连续性和完整性,自始至终注意提高英语应用能力。

3. 教学方法与手段

专业课程的特点决定了课堂教学应以学生为中心、教师为主导,注重培养学生的学习能力、研究能力和解决问题的能力。教学过程中要始终坚持改进教学方法,注重开展以任务为中心的、形式多样的教学活动,倡导采用任务教学法、案例教学法、模拟教学法、项目教学法、多媒体网络教学法等教学方法,充分调动学生的学习积极性和兴趣,最大限度地让学生参与学习的全过程。要充分利用计算机网络系统和多媒体学习平台等现代信息技术手段,提高教学效果。要积极探索和尝试新的教学模式,努力培养学生的自主学习能力、实践能力和创新能力。

4. 能力测试与考核方式

《教学要求》对教学的评价采用形成性评价和终结性评价相结合的方式。在形成性评价中,采用多种评价手段和形式,包括学生自评、学生互评、教师评学、学生评教、教务部门对学生的评价等,跟踪教学过程,反馈教学信息。终结性评价主要包括期末课程考试、水平考试和毕业论文(设计)等形式。具体要求如下:①期末课程考试要求核心课程必须采用英文考试形式;②学生应参加全国英语专业四级、八级考试和口试,在商务英语专业考试体系建成后,可逐步过渡到参加商务英语专业四级、八级考试及口试;③毕业论文要求用英文撰写,长度为 4000~5000 个单词左右,要求选题有价值、思路清晰、内容充实、文字通顺,并有一定的独立见解。商务英语专业应加大毕业设计的比重,鼓励学生采用商务报告(市场调研报告、商业计划书、营销方案等)多种形式,长度与毕业论文长度大体相等,用英语写作。评分时除了考虑语言质量和格式外,还应把创新思维和应用价值作为重要依据。

5. 实践教学

实践教学是体现商务英语专业应用特色的重要手段,主要形式包括:实验教学、专业实习、商务方案设计、学术活动和社会实践等(陈准民等,2009)。根据《教学要求》,学生在特定的商务实验教学环境下,进行实验或实际操作;学生可在校内外实习基地或其他实习场所完成认知实习和岗位实习;学生可在教师指导下,运用所学专业知识,完成商务方案的设计,选题、信息调研、数据分析、撰写报告、方案设计答辩等所有环节必须遵守规范;学生应积极参加各种课外学术研究和竞赛,形式包括读书报告会、学术讲座与研讨、论文答辩、研究兴趣小组、承担课题、创办刊物、拍摄与制作短片、采访与编辑、参加国内外会议、参加学科竞赛等;学生必须亲自参加军政社会实践活动,了解社会、认识国情、增长才干、锻炼毅力,提高社会适应能力。

四、结　语

为了保证人才培养的质量和商务英语专业的健康发展,《教学要求》具有重要的指导意义,也是我们制定符合地区和学校个性化特色的培养方案和教学计划的依据,亦可作为师资培训、教材编写、学生学业考核的重要参考。

第三章

课程设置

第一节　商务英语专业课程设置过程模式理论

课程是专业的基石。课程体系是建立在可靠的依据之上的保证体系,这个依据就是培养目标。课程设置是培养目标的具体体现,是实现复合型、应用型外语人才培养的根本途径。在高等教育活动中,课程是培养高级专门人才的基本单位与直接载体,因此,课程的质量和效用的提高是学校教育教学质量提升的核心。本章将利用课程设置过程模式理论,以上海对外经贸大学中英合作商务英语专业为研究个案,探讨其商务英语双语课程群的设置。

一、双语课程群的操作定义及描述

双语课程作为一类新兴课程,90 年代才开始在我国高校快速发展,并成为教育界关注的热点。学术界对于"双语课程"的定义众说纷纭,比如,有人认为广义的双语课程体系涵盖以两种语言为教学媒介语的各类课程(杨四耕,2004);有人又将狭义的双语课程界定为,在学校中使用第二语言或外语教授数学、物理等专业内容的课程体系(语言类课程不属于双语课程范畴),多数是多学科构成的双语课程集体,即双语课程群。

国外双语课程的研究已有近百年的历史,其研究范式基本属于实证研究型,研究主题可以分为以下几类:①双语教育模式研究(Lamber,1974;Gardner,1979;Spolsky,1978);②双语教育目的研究(Fishman,1976;Berger,1991;Baker,1993);③双语课程与学习者的关系(Torrancal,1970;Carringer,1974;Cummins & Swain,1986);④双语课程影响因素研究。

国内的双语课程研究虽然历史较短,但是研究者分别从历史、语言学、社会学、教育学、心理学、管理学等跨学科角度探讨了:①双语课程设置条件、目的、实施及成效的中外对比(王斌华,2004;袁平华等,2005);②国内外双语课程设置(周瓦,2005);③双语课程个案研究(曹东云,2005;王毓,2006);④双语课程的教学实施(胡槐玲,1999;龚少英,2005);⑤双语课程评价(王朝辉等,2007);⑥具体专业的双语课程教学(于峰,2004;杨静,2003)等。

商务英语课程也属于上述双语课程范畴。由高等教育出版社出版的《高等学校商务英语专业本科教学要求(试行)》把商务英语定义为:"在经济全球化的环境下,围绕贸易、投资开展的各类经济、公务和社会活动中所使用的语言,具体包括贸易、管理、金融、营销、旅游、新闻、法律等",并明确把商务英语本科课程划分为四大模块:语言知识与技能、商务知识与技能、跨文化交际能力和人文素养。这个经教育部批准、全国多所高校专家反复论证的教学要求成为规范我国商务英语专业建设的纲领性文件(李蓉,2012)。

二、课程设置过程模式理论析评

双语课程归属于课程范畴,因此可以适用基本的课程理论。Tyler(1949)提出的课程设计的四个基本问题是最有影响力的经典课程理论之一。这四个问题构成了 Tyler 的课程设计模式(见图3-1),其中包括"教育目标""学习经验的选择""学习经验的组

织"和"评价与测试"。Tyler 认为在课程设计的同时,首先要确定
教育目标,因为目标决定了课程内容和教学手段。他的观点充分
反映了 Hansen(1995)的行为主义课程发展架构的特点。

| 教育目标 | → | 学习经验的选择 | → | 学习经验的组织 | → | 评价与测试 |

图 3 - 1　Tyler 的课程设计模式

Wheeler(1967)在 Tyler 的模式基础之上发展出自己的课程设
计循环模式,该模式增加了一个环节强调了内容与学习经验之间
的关系(见图 3 - 2)。

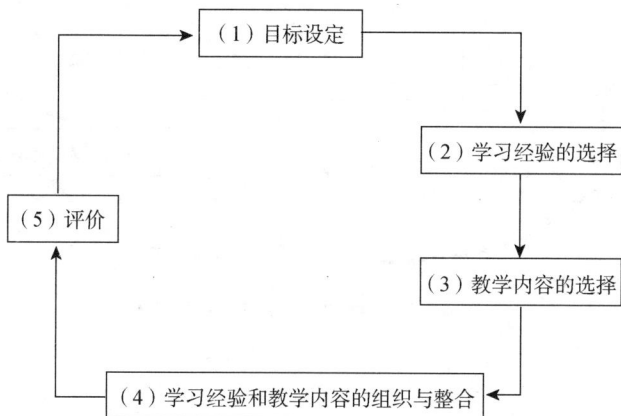

图 3 - 2　Wheeler 的课程设计循环模式

Graves(1996)的课程设计模式除了将 Tyler 的线性结构改为
循环式的流程图(见图 3 - 3),还强调了课程发展的系统性,各组
成部分(需求评价、目标确立、材料开发、测试方案设计、课程组织、
教学内容概念化)之间没有高低和先后之分。Graves 更重要的贡
献在于提出了情景因素和课程设计者信念对课程设计的影响。

Dudley-Evans & St. John(1998)[121]提出的课程设计过程模式包
含"需求分析""大纲设计""教与学""学生评价"与"课程评估"五
个步骤(见图 3 - 4)。五步骤之间不是线性关系,而是相互依赖、

需求评价

教学内容概念化

COURSE
DESIGN

目标确立

课程组织

材料开发

测试方案设计

确定情景因素

明确课程设计者信念

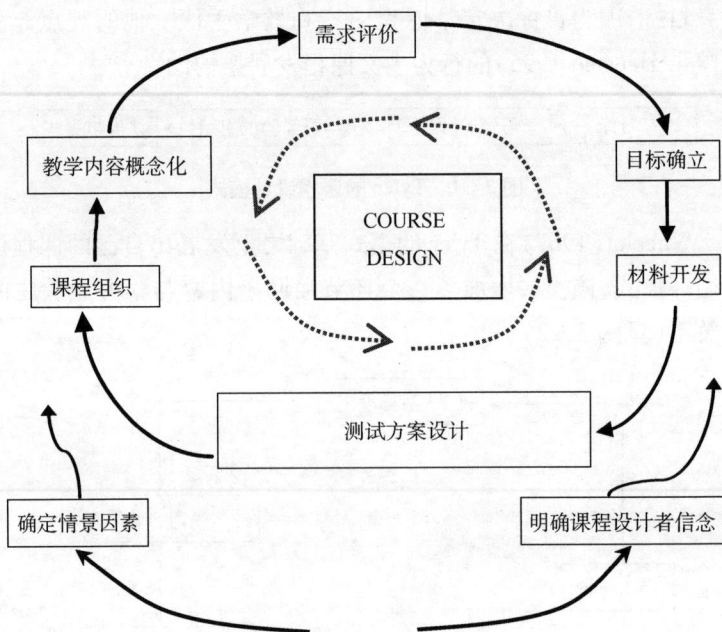

图 3-3 Graves 的课程设计模式

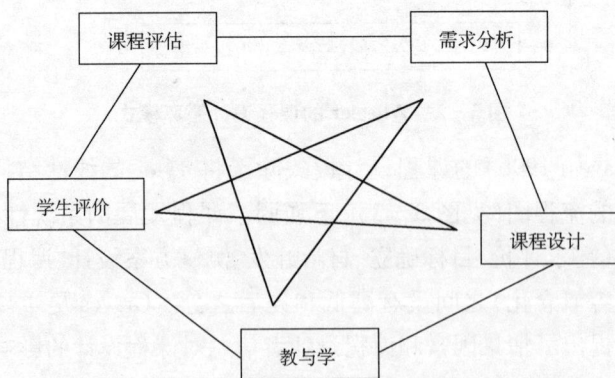

课程评估

需求分析

学生评价

课程设计

教与学

图 3-4 Dudley-Evans & St. John 的课程设计过程模式

彼此交迭。以"需求分析"和"课程评估"为例,在线性的模式中,它们分别是课程设计的起点和终点,但是在此模式中,它们是反复出现,信息随时更新的。

Graves 模式最大的贡献在于将情境因素和课程设计者信念作为其他所有步骤的基础,这为研究者提出目标环境需求分析和学习环境需求分析提供了理论支持。Dudley-Evans & St. John 同 Wheeler 一样突破了 Tyler 线性模式,提出循环模式,并且强调各步骤之间的相互依赖和交迭。基于以上模式的优点,研究者提出了适用于课程设计的合理模式,综合了 Graves 模式中的情境因素和课程设计者信念,及 Dudley-Evans & St. John 模式的各步骤间的互动关系(见图3-5),并以此来分析外贸学院中英合作商务英语专业中的双语课程群设置过程。

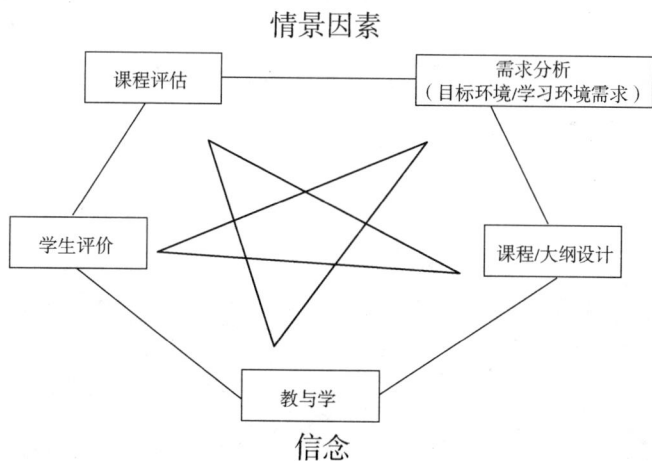

图3-5　课程设计循环模式

研究者认为,该课程设计循环模式的特点在于强调各课程设计步骤之间的关联和动态关系。情境因素指代目前校本双语课程中的初始状态,包括宏观的社会环境、学校环境、微观的学习者个人因素等。课程设计者信念在本研究中的操作定义为双语课程群的设计和教师对教与学的认识。例如,支持语言传输理论的设计者和教师非常重视知识和技能是否被学生所掌握,而支持语言交互理论的设计者和教师则在意教学双方的互动、学习者的主动性及问题解决能力的培养。

第二节　中英合作商务英语专业中双语课程群的设置模式

　　课程设置是一个专业建设的重心所在,它直接关系到培养人才的规格和质量。为达到商务英语专业的人才培养目标,满足培养要求,商务英语专业必须进行科学合理的商务英语课程规划,注重课程的模块化建设。商务英语专业的课程模块主要涵盖:语言知识与技能模块、商务知识与技能模块、跨文化交际模块、人文素养模块等。每一个模块都着重培养学生不同的能力与素质。

一、商务英语课程群设置关系图

　　本研究中的个案是上海某大学中英合作办学十年的商务英语专业。在该合作办学项目中,英语和商务知识较好地被结合起来,使课程设置真正符合经济发展过程中人才市场对毕业生的语言及专业知识需求。该项目紧密联系商务界对人才知识结构、技能水平的需求来设置国际商务英语学科的课程,其课程设置有科学性和实践性,课程内容真正做到帮助学生知识结构的螺旋式上升。图3-6是该专业的所有课程群关系图(其中双语课程用灰底标注)。从图3-6不难看出,该专业的课程除去一些英语语言类课程(比如国际商务英语入门等)还包括双语课程,本书将该专业中

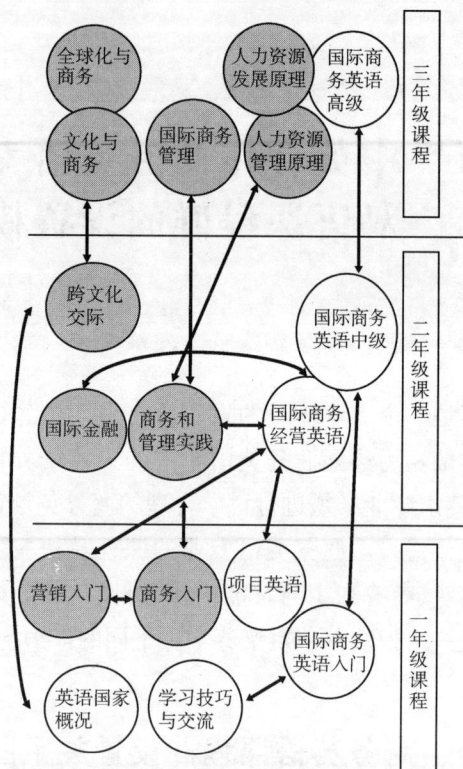

图 3 - 6   课程群设置关系图

所有为实现双语教学目标设计并实施的双语课程及其目的、内容、范围、活动、进程的总和定义为"双语课程群"。显然,该"双语课程群"随低年级往高年级发展,课程的数量、难度和专业性都依次递增。但是作为同一个课程群体,它们之间具有密切的关联性。

本节将运用上文中的"课程设计循环模式"来分析中英合作商务英语专业中的双语课程群设置,研究将分为"'情境因素'和'设计者与教师信念'设定""目标环境与学习环境需求分析""大纲设计""教与学""学生评价"和"课程评估"六个部分。

二、商务英语课程群设置分析

1. 情境因素和设计者与教师信念设定

在中英合作项目最初启动时,双方设计者很明确课程目标是充分结合两国教育机制和教学方法的优势,培养立志于从业国际商务、具备良好英文商务沟通能力及国际商务知识的人才。所有的课程都要求全英文授课,其中包括一些国际商务专业类课程,这些用英文授课的专业类课程构成了本研究中所指的"双语课程群"。在这些课程中,教师不讲解英文语法或词汇,而是力图模拟真实的商务环境,培养学生的商务技能和问题解决能力,同时提高他们的英语沟通能力。

整个项目的课程分为三个年级,随着年级的增长,课程的数量、难度和专业性都依次递增。但是作为同一个课程群体,它们之间具有密切的关联性,整个"双语课程群"呈现出螺旋式上升的架构。

2. 目标环境与学习环境需求分析

Hutchinson & Waters(1987)认为目标环境需求分析包含"为什么""怎样""什么是""谁""哪里"和"何时"使用该课程内容。而"学习环境需求分析"主要和学习者信息相关,比如"谁是学习者""为什么""怎样""在哪里""何时"学生学习该课程,以及有哪些资源。在此项目的双语课程群中,较少采用目标环境需求分析,因为此项目的大部分关于课程专业目标的了解来源于课程设计者和教师的自身经验和知识背景。

在课堂教学正式开始前,会通过访谈和水平测试的方式来了解学生的现有学习水准和学习需求。这些信息被用来修订和完善此项目中每门课程的目标、大纲、教学、学生评价以及课程评估。

3. 大纲设计

双语课程群整体服务于本项目的整体目标以外,还具有各自的课程目标。如 White(1988)所说,大纲可分为结构型、信息型、脉络型和功能型四类。项目的双语课程群中的课程由于各自侧重点不同(技能、话题、情境或功能),分别属于以上四种。例如《商务入门》属于信息型大纲设计,《国际金融》属于功能型大纲设计等。从双语课程群的整体结构来看,随着教学进度的发展,课程安排由从结构型为主到信息或功能型为主的发展趋势。

本项目中的双语课程教学材料被要求经常更新以符合学习者需求。一些课程没有使用现成的出版教材而是使用教师辛苦的收集和设计教材,目的是切合学生自身的基础。总而言之,本双语课程群的大纲设计灵活,源于对学习者的需求分析,指导教与学全过程,并充当学生评价和课程评估的标准。

4. 教与学

双语课程在尽力提高学生英语水平的同时,更加重视发展学生的商务交通技能。教学过程中,教师经常采用模拟教学法,传授许多学术研究技巧比如如何写商业报告和做市场调研。随着教学进度发展,侧重商务交流技能的双语课程在整个项目的比重逐渐加大,如图 3-7 所示。

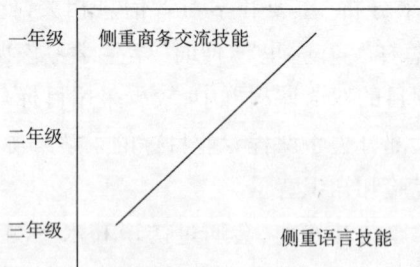

图 3-7　双语课程在整个项目中的比重变化

在教学方式上,双语课程群大多采用问题解决法(Richards,2001),特征是课程设计者和教师享有极大的教育决策权,当然他们所做的一切决定都是为了满足学生需求和帮助学生学习。他们会运用真实的学习材料,例如录像、录音、打印材料、商务演讲、写作、听力练习、商务模拟、讨论、教师讲座、论坛、案例分析、研究项目和角色扮演等方式来组织学生的课堂学习。学生除了课堂上的投入,课后也必须配合教学进度,进行自主学习。项目教师会定期进行课外辅导,以引导学生的自主学习。总之,在本项目的双语课程群中教与学不是两个单独的过程,而是互相依存,互相影响的交互行为。

5. 学生评价

学生评价在本双语课程群中的地位非常重要,它直接决定着学生是否升留级,是否有资格得到奖学金。学生评价对学生所获取的学习经验的质量影响也非常大,通常教师都会提前帮助学生了解课程的学生评价方式,在符合项目规定的前提下,让学生早有心理准备。

本双语课程群中,学生评价享有同教学一样重要的地位,教师既采取终结性评价又使用了过程性评价,评价形式多样,根据课程不同要求分为短文写作、口头演讲、项目、笔头测试和学生公文包等。

学生评价和其他课程设计步骤紧密关联,不仅考核学生的学习过程、学习成果,还洞察学生的问题(Garves,2004)。它既可以充当需求分析的方式,探究大纲设计中的课程目标实施情况,帮助教师了解教学的效果,还能作为最终课程评估的一项指标。这些都符合本研究提出的课程设计循环模式理念,每一个步骤的结果都与其他互相影响,并且保持互动平衡关系。

6. 课程评估

课程评估在此以项目审核方式出现,由该校专家教师及外请专家共同组成审核小组,每隔五年对项目中所有课程进行评估。课程审核小组需要考察课程的大纲、课程文件、教师教学水平、学生成绩、教学软硬件设施等。

　　除了正式的课程审核,英方和中方教师还经常互访,商谈项目发展、发现课程实施中的问题、保障教学质量水平。这种非正式课程评估形式依旧多样化,包括会议、讨论组活动、师生间非正式会谈、课堂观课、教材审核等等。所以这种课程评估可以发生在课程实施过程中的每一个阶段,并帮助教师随时进行课程改进。

三、结　　语

　　该中英合作商务英语专业中的双语课程群采用了循环式课程设计模式,遵循五个基本课程元素(需求分析、大纲设计、教与学、学生评价和课程评估),并强调情境因素与课程设计者和教师的信仰与这些课程设计元素相互关联。充分体现了课程设计动态发展的科学原理,符合螺旋式上升的知识发展规律。

第四章

教学设计

第一节　教学程序设计

生长在美国，即使父母都说法语的法国孩子，也能够说一口与当地人一样地道的美语，这是显然的事实。遗憾的是，不是每个人都有机会如此早地接触自己的"第二语言"。大多数人面临的困难可用习得与学习这两个概念来解释。习得在语言学中，指的是通过在交际环境中自然地使用语言，从而获得语言能力逐步提高的过程。学习指的是刻意地积累单词语法等语言知识的过程。这样看来，习得应是英语学习的最高境界了。

汉奇(1978)认为，人们首先学习语言结构，然后在交际中实际运用，才产生了语言的熟练性。克拉申在美国对外国移民第二语言习得进行多年的研究后，提出他的输入假说，克拉申(1983)认为，只有当习得者接触到可理解的语言输入，即略高于他现有语言技能水平的第二语言输入，而他又能把注意力集中于对意义的理解而不是对语言结构的理解时，才能产生习得。如果习得者现有水平为"i"，能促进他习得的就是"i+1"的输入。根据克拉申的观点，这种"i+1"的输入并不需要人们刻意提供，只要习得者能理解语言输入，而这些输入又达到足够的量时，就达到了效果。因此克拉申的语言信息输入假说观点与汉奇截然不同。他认为人们首先习得语言的含义，明白了意义的同时也就掌握了语言的结构。

克拉申的语言信息输入假说在语言学和教学法方面具有重要的指导意义。下文将结合英语课堂教学程序，将语言信息输入假说与我们现行的教学模式结合起来讨论,从中获得某些启示,以提高我们的语言教学水平。

一、克拉申语言输入假说的内容分析

克拉申语言输入假说的内容强调以下四部分内容:

(1) 语言的掌握应通过习得的方式,而非"学习"方式;

(2) 人们通过理解结构难度略高于自身现有水平的语言来习得语言。克拉申的语言信息输入假说中以"i"代表学生现有水平;"1"代表每一个教学环节中的新信息、新知识、新难度;那么每一次输入的语言信息结构难度就可以用"i+1"来表示了;

(3) 当语言交际很成功,语言信息量足够多且能够被理解时,"i+1"就会自然而然地产生。克拉申还指出我们可以充分利用上下文的提示作用及非语言的信息,如手势、姿态、表情等,帮助学生理解输入的语言信息;

(4) 成熟的语言能力将自然形成,而不能通过教授获得。

二、语言输入假说对现行语言教学程序的指导意义

现行的语言教学程序以一幅流程图的形式来表示,一目了然(如图4-1)。

下面将分五部分讨论克拉申的"语言信息输入假说"对"英语教学程序"中各个环节的指导意义。

1. 语言输入假说与需求分析

语言输入假说内容第二部分说明了需求分析这一环节的重要性。克拉申认为教师所使用的语言的结构难度应略高于学生现有

```
需求分析 → 大纲设计 → 教材开发 → 教学活动 → 教学评估
              ↑         ↑                        ↑
              └─────── 反馈 ──────────────────────┘
```

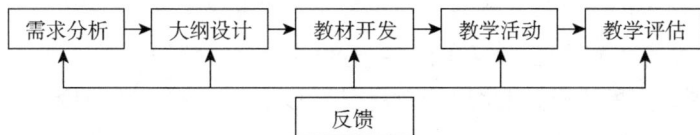

图 4-1 英语教学程序

的语言水平。因此对学生现有的语言水平（"i"）做一个详尽的调查是很有必要的。外语教师可以通过摸底测试、问卷调查、个别谈话及向其他教师同行咨询等方式来完成这重要的第一步。换句话说，力求得出最真实的"i"的值。

2. 语言输入假说与大纲设计

大纲就像房屋的框架，它必须建立于深厚坚固的地基——需求分析之上。如果房屋的框架不合理实用，我们又怎能指望它成为一栋摩天大楼呢？如语言信息输入假说和自然顺序推论所坚持的，大纲将第二语言习得过程从易到难划分为多个层次，就仿佛摩天大厦的数十个楼层。

教师在设计一个合理大纲的过程中会遇到一些困难。首先，不是所有的学生都在同一水平起点上；其次，在大纲的严格指导下，若一名学生漏听了某一重要环节，他不得不至少等上一年才有机会补上这一课。所以教师应当在自己的教学实践中熟练地运用"重复"这一教学手段；第三，大纲假设我们已知道第二语言习得的进度，即"1"在"i+1"中的具体含义。但事实上，它是非常模糊的一个概念。

3. 语言输入假说与教材开发

房屋仅有框架显然不够。我们还要给它加上门、窗、墙壁和电线等。教材开发与整个教学程序的关系就类似于这些门窗、墙壁相对于房屋。语言信息输入假说提醒我们可以利用上下文的提示作用及一些非语言的信息来习得较难一些的语言结构。它还强调输入的语言信息应当充足且易懂。教材开发的标准是看它是否满足学生的需要,是否遵循大纲。现行的英语教材有的结构不够合理、可读性不够强、课文生词多、不利于学生自学,学生往往依赖老师课堂上的讲解,因此现行教材是造成老师唱主角的原因。我们需要什么样的教材呢?我们需要的是可提供学生大量的可理解性语言输入的教材。

克拉申指出,充足、易懂、相关且不按语法顺序的信息输入对第二语言习得的产生很关键。他认为向学生传授知识的最佳难易度是从略高于他们的水平开始,即使用比学生现有的语言知识略深一点的语言材料,或者说提供可理解的语言材料。这一点有利于学生的"输出性"能力的发展,以达到输入输出的平衡。为了使输入的语言信息被理解,可以使信息内容集中在"此时此景",还可修改与信息内容相互作用的信息表现形式(结构)——包括重复、证实、检查阅读理解效果、解释等方式。

4. 语言输入假说与教学活动

Dunkin & Biddle(1974)[38]建立的课堂教学模式包含四类变量:"预示"(presage)、"条件"(context)、"过程"(process)和"效果"(product)。教师作为个人或团体参与教学,他们自己的经验、职业训练及个人素质等就是预示变量。条件变量包括教师教学操作必须面对的情况,社会、学校、环境及学生等。真正的核心应当是"教室":教师和学生在教室里的行为统称为过程变量。最后,效果变量指的是教与学这一活动的结果,即"学习者通过与教师或其他同学一起参与课堂活动,从而导致自身的一系列变化。"

语言输入假说的第四部分认为,只有当输入的信息充足且易懂,语言交际又很成功的前提下,"i+1"才能实现。此处的"语言交际"指的是教师与学生之间的相互作用。教师的角色不是以知识的化身,教学的主体出现在课堂上,而是以组织者(organizer)和帮助者(helper)的身份参与课堂的交际活动,教师的主要任务是利用具有知识性、趣味性和真实性的教学材料来组织学生进行课堂交际活动,并在学生遇到表达和理解困难时,及时地给予引导和帮助,以便使交际活动能顺利地继续下去。成功的语言交际要求教师的高素质,适宜的课堂环境及学生的协作。换句话说,成功的语言交际将预示变量、条件变量和过程变量三者紧紧结合在一起。

教学经验告诉我们,一堂外语课效果的好坏,除了语言信息是否充足易懂,还与学生是否紧张,选择的教学内容、话题是否使学生感兴趣等,有直接的关系。由此,我们可以推导出成功教学方法的条件公式:成功教学方法=充足易懂的语言信息输入+低紧张度+感兴趣的话题。

5. 语言输入假说与教学评估

Dunkin & Biddle(1974)的课堂教学模式中的"效果变量",可表现为学生掌握的实际语言熟练程度。除去熟练程度,当然还有其他认知性的学习效果。Dunkin & Biddle(1974)认为应当区分清楚对教学的短期和长期效果的评估。短期效果可作为长期教学的及时反馈。它的评估结果是"诊断性"的,并且影响今后的教学活动。"教—学—效果—评估—教……"将形成一个循环,直到课程结束,才停止循环下去。

长期教学效果应当立足于独立的学习者和教学者角度。对独立的学习者而言,教学效果是较长远或较短暂的第二语言习得。对独立的教学者而言,评估自己的教学成果及学生的教学效果为进一步教学提供了及时的反馈。教学评估是教—学循环中的重要环节。长远来看,教—学—效果—反馈这一循环也逐步提高了教师自身的素质,使他成为一名更有经验更有能力的合格教师。

三、结　语

在传统的英语教学中,以教师为中心,教师强调对语言规则的解释和理解,忽视让学生自己到语言实践中去接触、运用和归纳语言规则,这就使得课堂教学给学生提供的可理解性语言输入的量十分有限。这种传统的课堂教学不利于发展学生的英语语言能力,大多数学生学了几年英语,虽对语言知识掌握得不少,却始终无法用英语进行有效的交际。我们要改变目前的状况,如何将教师"如何教"转变为学生"如何学",简言之,把忽略给学生足够量的可理解性语言输入变为给学生提供大量的可理解性语言输入。

为了提高英语教学质量,我们教师应果敢地迎接这种挑战,强调语言信息输入假说的重要性,并将它与我们的英语教学程序结合起来,从教师的角度,讨论每一环节里教师应发挥的作用,借助第二语言习得的理论或模式来指导和探讨英语教学的过程,转变教学观念,改变教学方法,在听和读方面给学生提供大量的可理解性语言输入。当学生获得足够量的输入时,就会有理想的输出,这样,学生的英语综合能力就会得到提高,从总体上提高了教学质量。希望克拉申的理论会给大家一些启示,从而促进我们21世纪外语教学更上一个新台阶。

第二节　任务式教学法

　　合适的教学方式对人才的培养起着事半功倍的作用。教学方式以互动教学为中心的"双主型"教学模式为核心,大力应用现代教育技术,积极开发网络教学资源,灵活运用互动式、讨论式、开放式、任务式、模拟式和案例研究式等各种以学生为中心的教学方法,充分调动学生学习的积极性、主动性,开发他们的创造性思维,培养他们独立分析问题和解决问题的能力。本节将从任务的组成、分类、应用实例等来说明任务式教学法的运用。

一、任务的定义及组成部分

　　在当前商务英语教学中,"以学生为中心"的教学思想愈来愈引起广泛的关注。设计出新颖的课堂活动形式,创造一个良好的语言环境,让学生在运用语言的过程中学习语言已成为共识。在教学中应用任务设计这一思想正是为了反映这一变革,它能较真实地模拟语言环境,提供学生运用语言的机会,并有针对性地进行语法、生词、句型等各种语言基础训练,及语言的功能意念等技能训练。因此用完成任务的形式进行教学不失为一种较为有效的教学手段。David Nunan 对任务的定义、组成部分及分类有独到见解,Krashen 等人也从教学法方面给予理论支持。Krashen 的"i+1"

理论为任务的设计提供了理论原则。"i"在"任务"的设计中可理解为学生的现有水平,"1"表示每一节课、每一个任务及向学生提出的新要求。这个"1"难度既不能过大,让学生望而却步,也不能太容易,让学生毫无攻克难关后的喜悦与收获感。因此任务的设计者首先要明确教学对象的水平、教学目的及教学计划,并要擅长根据学生的实际情况和教学内容来权衡任务的具体难度。

对任务的定义,首先可以从非语言学的角度来认识。任务是指人们日常生活中所做的各类事情,例如填表格、买报纸、问路、写信等。语言教学正是引用了任务在日常生活中的特性,并从语言学方面赋予新的定义:任务是建立在语言理解基础上的一种活动或反应,它以交流为目的,并通过语言的交际来掌握语言。例如边听磁带边绘地图,续写文章结尾,完成流程图,对有关信息进行再处理等。

David Nunan 曾提出了任务中的六大组成部分,即目的、信息输入、活动形式、教师作用、学生角色及课堂环境(如图 4-2)。

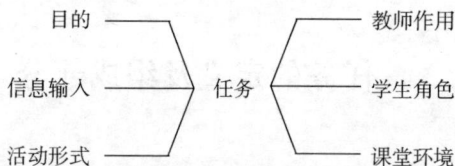

图 4-2　任务的组成部分

目的:即为什么要设计这样的任务? 为了达到什么样的教学目标? 教师应对整个课程的教学大纲十分了解,明确每个任务在教学环节中的地位与作用,做到目标明确,重点突出。

信息输入:即进行活动的素材,完成任务的原材料如录音、录像、课文、报纸、广告、故事等,可视为任务的起点。

活动形式:即采用怎样的形式来处理输入的信息,它是任务的外在表现,决定了任务的活动形式。

教师作用:应指教师在完成任务过程中所能发挥的作用。它包括解释、引导、更正、组织、参与等。

学生角色:学生是任务的主要执行者,在完成任务时,学生应积极主动,并可采用分组讨论、配对活动、角色扮演、独白评述等多种形式。

课堂环境:完成任务所需的设施、设备及假想的场合,是完成任务的物质保证。

二、任务的分类

Krashen(1975)将课堂练习按其内容分为聚焦和发散两种。聚焦型指的是将学生注意力集中到所操练的知识点上,比如句型练习、语法填空等;反之,让学生注意力远离当前知识点的练习是发散型。如 Lado(1964)所提倡的,在教授疑问句型时,可以让学生在思考其他知识点的同时不知不觉地使用疑问句型。虽然表面上任务的重点不在疑问句型上,但效果较佳。笔者较倾向于发散型的任务方式,因为人脑在不知不觉中接受的信息受外界干扰最小,这种潜意识的学习活动"subconscious learning"(krashen,1985)接近于英语教学中提倡的习得方式——"acquisition"。为了使语言教学更加体现语言的特点,笔者从任务的表现形式将其分为以下五大类:

(1)列清单:完成一张清单或记下脑中念头,对象可以是单词、事物、人、地点、动作等。例如:列出物品名称;表列出行为的几个步骤;举出要点等。

(2)整理与排序:将一系列信息与数据按规定要求整理排序。如:①还原事物本来顺序;②特殊排序(优劣性、重要性、可行性等);③特定分类(赞成、否定、鼓励、批评等)。

（3）比较：对两组材料进行比较，从而将其配对或找出异同点。如：将单词与定义配对；发掘两件事情的异同；比较两幅画等。

（4）解决问题：对一些实际生活问题、学术问题进行讨论，找出解决方案。例如：如何最好地分配某物？如何安慰一个啼哭的孩子？如何从 A 地到达 B 地？

（5）交换个人经验：模仿日常会话，将个人经历或观点与他人交流。例如：描述一次你最糟糕的旅行；谈谈你最好的朋友；表明你的就业观念等等。

值得一提的是，这五种类型的任务并不是孤立的，在一些复杂的"任务"里面，几种类型会结合在一起，使"任务"更富挑战性和新意。

三、应用实例

Halliday、Mcintosh & Strevens(1964)指出，教学过程中不但要单独训练听说读写能力，更要强调多种技能的综合使用，即Krashen(1975)的单途径、多途径之说。听力课、视听课理当优先训练听说能力，但也不能忽视读写能力的培养。笔者以一堂跨文化课为实例，形象地说明任务的设计以及在课堂中的应用。该课内容是《走遍美国》第二册第 19 课第一幕，情节大致如下：Harry 和 Susan 今天在 Susan 家举行婚礼。Susan 的父亲（Philip）、哥哥（Richard）、弟弟（Robbie）正为无法替 Harry 打好领结犯愁。这时 Susan 的爷爷提议使用夹式领结，于是 Robbie 直奔礼服租赁店（Tuxedo Rental Store）去租领结。后来麻烦又来了，Harry 找不到结婚戒指，经过一番分析，终于发现戒指原来在 Harry 自己的胸前口袋中。

课文涉及西方婚礼，因此有必要将有关的文化背景引入，以激

发学生兴趣,扩大他们的知识面。因此在正式接触课文前,笔者让学生完成一个任务:

TASK Ⅰ: In wedding ceremony, what are usually involved? According to the hints in the diagram (see diagram 4-3). You list all the words you can think of in the ellipses. The whole class will be divided into four groups. Each group works out one diagram, and the more words you write down, the higher marks you'll get.

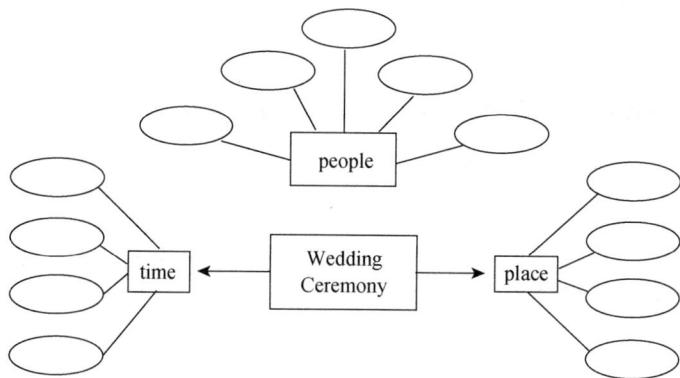

图 4-3　TASK I

任务分析①:属于任务类型Ⅰ——"列清单"(Listing)。笔者选择它作为正式接触课文前的"暖身练习",是因为它不但提供了与课文有关的背景资料,调动了学生的现有知识,而且还介绍了新单词,对课文内容进行了预测。图表的形式多变激发了学生的兴趣,分组竞赛的组织方式使课堂气氛热烈。

在让学生看完一遍录像,对情节有大致了解后,笔者重放一遍,并在适当地方暂停,布置任务,让学生完成,以检查并提高他们的理解程度,同时尽可能创造机会让学生练习口语。

TASK Ⅱ: Read the following WORD AND PHRASE BOX, find out what are necessary in western wedding ceremony, then tick them off.

flower	banquet	bride	bridegroom	music
antique shop	relatives	Flower-girl	maid of honor	bowtie
veil	rings	tie	something new	suite
wristband	best man	Bible	pearls	something old
Sth. borrowed	dance	tuxedo	church	something blue
wedding dress	sports jacket	guests	honeymoon	fireworks

图 4 - 4   TASK Ⅱ

任务分析②:属于任务类型 Ⅱ——"整理与排序"中的"特定分类":将单词分成有关或无关两类。它是第一个任务的再发挥,有效地检查了学生的理解程度,反映了课文的主要内容。

TASK Ⅲ: The events listed in the middle diagram are in wrong order. Will you describe whole journey of Harry's rings in the right order? Put the number of your choice in the diagram. Then you'll use some words which indicate time and reason, such as those in the right diagram, to write a short passage with the title "Journey of Wedding Rings"(图 4 - 5).

	1. Harry put the rings in the pocket of his sports jacket.	after
	2. Richard gave them to Robbie to hold so he would't lose them.	then
	3. Robbie gave them to Harry.	before
	4. Harry put the rings in the lapel pocket.	so
	5. Harry gave them to his bestman-Richard to keep.	in order to

图 4 - 5   TASK Ⅲ

任务分析③:属于任务类型 Ⅱ——整理与排序。完成这项任务要求学生对情节十分了解,对事情的发生顺序很清楚。短文写作既考察了学生对连词的运用,又训练了叙述文的写作,充分体现了任务的多样性与广泛适用性。

TASK Ⅳ: If the Tuxedo Rental Storeis closed, what should Harry do? Can you give him any suggestion? Write them down in the form below.

表 4 - 1 TASK Ⅳ

YOUR SOLUTION	
1.	
2.	
3.	
4.	
5.	

任务分析④:属于任务类型Ⅰ、Ⅳ——列清单与解决问题。让学生两人一组讨论,并记下讨论结果;教师的任务是聆听、参与每组讨论,提供帮助,纠正错误,启发他们的创造性思维。

TASK Ⅴ: There must be someone who has experience in taking part in a wedding ceremony, or knows something about it. Comparing Susan and Harry's wedding ceremony with our Chinese traditional ceremony, can you find any differences? Please list them out.

表 4 - 2 TASK Ⅴ

	Chinese Wedding Ceremony	Western Wedding Ceremony
1. 2. 3. : :		

任务分析⑤:属于综合型的任务,包含了类型Ⅰ、Ⅲ、Ⅴ——列清单、比较、交换个人经验。学生四人为一组,记下讨论结果,教师参与并引导启发。这项任务需要学生有一点相关的经验和知识,利用脑中已有的概念与课文中刚刚提供的信息相比较分析。

利用音像资料来进行任务设计的形式远不止上述几种,例如让学生观看无声录像,猜测内容或配上对话;展示一幅静止的画面让学生描述场景、人物,以及心理活动等,综合运用多种类型的任务,可较有效地调动学生积极性,加深对语言及其功能意念的理解,增强中西文化异同的意识,起到"事半功倍"的效果。

四、任务教学法的优点

综上所述,任务教学法的设置给英语教学带来很多的益处。

(1)应用范围十分广泛,成功的精读、泛读、听力、口语课都少不了它;

(2)它能将学习语言的几种技能结合起来,使听、说、读、写、译能力同时得到提高;

(3)"任务"的内容、类型多变,提高了学生兴趣,活跃了课堂气氛,降低了学生的学习心理负担,使学生在轻松的环境中学到知识和技能;

(4)正如人不可能在岸上学会游泳一样,语言也只有通过运用才能掌握。"任务"的完成以语言作为表达工具,达到了在"使用中学习"的目的。

笔者的教学经验证明,良好的学习效果会使学生备受鼓舞,从而成为他们语言学习的动力,也培养出浓厚的学习兴趣。由此可见,"任务"的设计及应用对我们的英语教学意义重大。

应当指出的是,语言教学既然可以定义为"引导语言活动的一切活动"(Stern,1983),那么它的含义就远远大于课堂教学,自学、个别教育、计算机辅助教学、广播电视教学、多媒体网络教学等都属于它的范畴。因此,任务的开发与使用空间应当是极大的,有待于广大同仁共同探索。

第三节　新型教学手段
——网络自主学习

　　我国的高校英语教学一直存在着师生比例严重失调的现象,生均学时数少,教师工作量大,在有限的课堂教学时间,教师基本是采用"满堂灌""填鸭式"教学才能完成教学计划,学生处于习惯性的被动地位。在传统的以教为主的课堂教学中,教师是课堂的主宰,学生处于被动接受的地位,仅从教材等有限途径,机械地、被动地获取有限的知识,能力的培养大多被忽视,学生的学习自主性无从发挥。为了解决有限的授课时间和大量的课程内容之间的矛盾就必须让学生自己主动参与到学习中,让他们从"学会"转为"会学",正所谓"授人以鱼,仅供一饭之需;授人以渔,则终身受用不尽"。自主学习是相对于"被动学习""机械学习"而言的,它是在特定教学条件下的高品质的学习,是一种积极主动的学习。在使用这种学习方式时,教师提出总目标,学生自主选择恰当的学习内容以及恰当的学习方法,在学习过程中积极参与,主动学习,并对自己的学习过程有正确的评价,做出相应的调整。随着信息技术应用的普及,多媒体网络走进了课堂,由多媒体技术和网络技术所构建的多媒体网络学习环境为学生的"自主学习"提供了良好的支持。

　　教育部在 2004 年的《大学英语课程教学要求》中也从政策层面肯定了大学英语课程的网络教学发展方向:"各高等学校应充分利用多媒体网络技术,采用新的教学模式改进原来教师讲授为主的单一课堂教学模式。新的教学模式应以现代信息技术,特别是网络技术为支撑,使英语教学不受时间和地点限制,朝着个性化学习、自主学习方向发展"。本节试图从转变教学模式的角度,通过跟踪瑞典某大学商务英语课程的整个教学过程,结合自主学习的理解维度,对该商务英语远程课程的教学目标、教学内容、网络平台、师生互动、评估方式等方面的特点等进行详尽的研究,探讨该教学模式的优势,存在的问题,展示了学生的自主学习能力的培养过程,希望对我国的大学商务英语课程发展有所启示。

一、自主学习文献综述

1. 定义及判断标准

早在 19 世纪,我国近现代学者蔡元培(1997)[174]先生就主张"学校教育应注重学生健全的人格,故处处要使学生主动。最好使学生自学,教者不宜硬以自己的意思压到学生身上。"教育家陶行知(1991)[428]也曾强调"智育注重自学"。自主学习至今仍是英语教育领域研究的一个热点问题。它被定义为:①学习者的学习完全依靠自己;②在自主学习过程中可以学到或用到的一整套技能;③一种与生俱来的,却被单调而重复的教育方式所抑制的能力;④学习者对自己的学习所行使的责任;⑤学习者确定自己学习目标的权力(Benson et al, 1997)。庞维国(2003)[1]教授指出"在课程论领域,培养学生的自主学习能力被作为一项重要的课程目标,自主学习被看成课程实施的一种重要手段而对之加以研究;在教学论领域,自主学习被视为一种重要的学习方法,研究者关心如何通过学生的自主学习来克服其学习的被动性,体现其主动性"。有些学者还把自主学习看作是"学习者能够独立地确定自己的学习目标,学习内容,学习方法,学习时间进行学习和其一整套评估体系"

(李洁等,2006)。自主学习的概念是建立在认知心理学和建构主义学习理论基础之上的。认知心理学强调课堂设计要以学生为主体,体现其自主为原则;建构主义学习理论则认为学生是知识意义的主动建构者,教师只起辅助作用。因此,自主学习概念体现了"以学习者为中心"的语言教学理念。

Zimmerman(1994)提出了一个自主学习的研究框架,可以以此作为判定学生是否自主学习的标准(见表4-3)。他认为,确定学生是否是自主学习,主要依据表中第三列,即任务条件。若学生在"动机""方法""时间""行为表现""环境""社会性"这六个方面均能自己选择或控制,可判断他是处于自主学习状态。反之,则是被动学习。"研究学生的自主学习需要从上述六个方面着手,有针对性地予以考察"。本研究将利用该框架分析瑞典某大学商务英语网络课程的学生学习自主情况,以此来探究网络在该课程中对学生自主学习起的作用。

表4-3 自主学习的理解维度

科学的问题	心理维度	任务条件	自主的实质	自主的信念和子过程
1. 为什么学	动机	选择参与	内在的或自我驱动的	自定目标,自我效能感,价值观,归因等
2. 怎么样	方法	控制方法	有计划的或习惯化的	策略使用,放松等
3. 何时	时间	控制时限	定时而有效的	时间计划和管理
4. 学什么	行为表现	控制行为	意识到行为和结果	自我监控,自我判断,行动控制,意志等
5. 在哪里	环境	控制物质环境	对物质环境的敏感和随机应变	环境的选择和营造
6. 与谁一起	社会性	控制社会环境	对社会环境的敏感和随机应变	选择榜样,寻求帮助等

2. 自主学习的主要优点

有关自主学习的必要性和优点,陆根书(1990)等认为自主学习符合"刺激—选择—建构"这一人类的认知过程,有利于加强学生对学习过程的自我认识;自主学习将促进师生合作,并促使两者都在过程中得到成长。徐龙念(2008)还提出,自主学习中教师可以最大限度地利用现代化教学手段辅助教学,从而提高教学成效。本研究则立足探究以网络为手段,以学生为主体的学生自主学习过程。

3. 相关实证研究

近 20 年是自主学习理论和实践研究最蓬勃发展的时期,比如上海育才中学段力佩等人总结的"读读,议议,练练,讲讲"八字教学法;上海嘉定中学钱梦龙进行的"学导教学法"研究;青浦中学顾泠沅等人进行的"诱导,尝试,归纳,变式,回授,调节"教学法实验等。若登录"中国期刊全文数据库",按主题搜索"自主学习"相关文章,即可浏览到自 2002 年以来的相关文章共 40340 篇①。这些文章的研究重点包括:教学模式的建立、教学理论的发展、或者具体的教学原则与方法等。如果进一步按主题"网络"搜索,会发现文章有 7335 篇,此数据足以表明,网络教学已成为学生自主学习能力培养的一个重要手段。为了适应教育全球化的趋势,本研究旨在探究瑞典某大学英语网络远程课程的学生自主学习情况,以更好地促进中国的大学英语教学与国际接轨。

二、自主学习网络课程模式实证调研

本调研的研究对象为瑞典某综合性大学的一门英语课程,此课程由英语系教师担任授课,学生来自世界各地,采用了学生远程

① 搜索日期为 2012 年 3 月 11 日。

自主学习为主,课堂面授为辅的教学新模式。研究者通过 5 个月跟踪该课程的整个教学过程,收集数据,通过课堂观察,访谈师生的方式来解答以下问题:①商务英语课程中采用网络教学,是否能使学生真正做到自主学习?②教师和学生对此教学模式的看法和适应性如何?③该模式存在什么优缺点?

该英语课程利用了一个教学网络平台——First Class,以达到提供教学资源,师生互动,学生自主学习,同学分组协作学习的目的。研究中,研究者以学生身份注册,登录该平台,参与整个课程。5 个月的课程中,教师安排了 4 次为时 5 小时的课堂授课时间。其余时间都由学生自由支配,在网络平台上完成学习任务。课堂时间主要用来讨论课业标准和交流学习心得,更多学习任务会以多样的形式,比如网上讨论、博客写作、网络课件观看、电子邮件等形式完成。老师的时间主要用来设计新教学目标,搜集最新资讯,阅读学生的网络平台留言,批改电子作业,上传课件。学生的作业类型多样,比如英语单词的记忆是通过“小组白板”形式积累,然后让组员进行“故事接龙”(story relay)的游戏,把积累的单词通过编故事的形式活学活用。学生每次的作业在正式提交之前要在小组内部互相修改,听取大家的意见,促进协作学习。学生可以随时随地地学习,不必受时间地点的约束,学习进度只要跟随教师的指导,随时自我调整,积极配合。教师采用多元化的形成性评估方式,比如学生自我评估,学生相互评估,教师对学生的评估等。

本研究还访谈了 1 位教师和 15 位学生,利用 Zimmerman 的自主学习的 6 个维度——“动机,方法,时间,行为表现,环境和社会性”(见表 4-1)来描述他们的情况,访谈结果表明在“动机”“时间”“环境”这三个维度上 100% 的学生认为他们是自主的;80% 的学生认为他们在“方法”上自主;73% 的学生认为他们可以做到“行为表现”自主;只有 33% 的学生认为他们能够控制社会环境。访谈结果表明,该商务英语课程中大多数学生认为自己可以做到自主学习。

　　有关该网络教学模式的看法和优缺点探讨也是通过访谈形式搜集的资料。93%的学生很喜欢该教学模式,并能够很快适应该模式;同时他们也认为该模式对语言能力的口语表达和听力提高没有太大的用处。教师认为该模式虽然对学生的自主学习大有裨益,但是却增加了教师的工作量和难度,是对教师教学的很大挑战。

三、实证调研结果

　　1. 该网络课程能促进学生自主学习的原因

　　通过五个月的网络课程观察和师生访谈,笔者发现该课程的特点与 Zimmerman & Risemberg(1997)提出的促进自主学习的以下四点方法相吻合:

　　(1) 激发学生内在的学习动机

　　多媒体网络环境可以为学习者提供图、文、音、动画等多种感觉途径,多种表征方式的信息,提高学生感知、记忆和思维的效果;弥补了传统教学的教学内容的呈现方式单一性的局限,提高学生学习兴趣;多媒体网络环境具有丰富的、开放的学习资源,学习者可以根据自己的需求和兴趣自主选择学习内容,能很好地发挥学生学习积极性;教师在布置学习任务时,提供学生具体的,能够完成的目标,并且让学生通过自我评价和相互评价增强了自我效能感,从而激发学生的内部学习动机。

　　(2) 注重学习策略教学

　　该课程中教师通过多样的任务,培养学生多元的具体的学习策略,比如学习时间计划的制订,演讲的方法,互联网上的信息搜索,自我评价,列提纲,做小结等等。这些策略不是以规则的形式由教师传授给学生被动接受的,而是渗透在各种学习任务中,由学生自己发现,自己总结,自己掌握的。这是建构主义学习理论的具体反映。

（3）指导学生进行自我监控

该课程的网络平台对每位学生的登录时间和次数都有详细记录,帮助学生对学习情况进行自我记录。每次学生的留言和作业发表都会永久保留,在个人的博客栏还会记载浏览的人数和评语,这些也可以帮助学生进行自我评价。

（4）教会学生利用社会性的和物质性的资源

课程中,很多功课需要同学之间协作完成,于是学生在协作中学会了向同伴学习和寻求帮助;还有很多的时候,需要学生去互联网上查询资料,这也是教会学生利用社会性资源的切实方法。

2. 该课程存在的遗憾与不足

该网络课程虽然利于学生的自主学习能力的发展,但是与学生和教师的访谈还是反映了一些它的不足点,比如:该模式对语言能力的口语表达和听力提高用处不明显;有的学生的计划性差,不知道学什么,怎么学;有的学生自觉性差,有上网不学习的情况存在;学生自评和互评的准确性和客观性不能保证;教师的工作量和难度大增;在网络课程完成同样的知识点或能力训练需花费的时间比课堂面授多。这些问题的出现表明该课程的某些学生还处于自主学习的初期阶段,如果在教师很好的支持和指导下,假以时日,他们的潜在自主学习能力将被完全开发出来。

四、结 论 及 启 示

该商务英语网络远程课程具有以下优势:①教学场地,教学环境的变迁性;②教学内容,教授范围的开放性;③学生知识拓展,能力开发的主动性;④教学方法,教学模式的前瞻性。因此我国的商务英语课程也可以借鉴这种教学模式,开展学生自主学习,而这种能力恰恰是信息时代的要求和终身教育的基础。但是我们在实施网络教学模式时必须注意以下两点:①网络课程必须以学生能达到的自主学习水平为前提;网络课程要求学生具有成熟的自我意识,较好的自我监控能力,掌握较多的学习策略和技能,所以只有在大学阶段的学生具备了这样的自主学习水平,方可开始尝试网络课程;②自主学习不等于自学,自主学习不等于放任自流,教师的指导是必需的。比如:在教学目标的制定上,教师和学生要协同合作,同时体现出对学生自主学习能力的强调;在教学内容上,应该做到结合商务领域的最新状况,做到时效性和丰富性并重;在组织形式上,网络平台一定要强调师生互动,生生互动;评估方式也要做到多元化。

第四节 商务英语课程中的
学生学业评价研究

　　作为一个哲学问题,评价是 19 世纪末随着价值论的诞生而确立起来的。评价同时也是一个认识论问题,作为对价值的认识与判断,评价本身揭示了认识与价值、认识论与价值论的统一性、一致性和不可分割性。因此,评价是人类的一种特殊认识活动,即揭示世界(个人、社会、自然)的价值,建构价值世界的认识活动。

　　评价即评定价值,其本质是把握价值的判断活动。评价是人对评价对象能否满足自己需要的一种主观判断。当评价对象是物(包括自然物、人创造的物质产品和精神产品)或人的活动(如教育活动)时,评价就是判断特定物或特定活动能否满足特定人群的需要。当评价对象是人时,由于被评价的人是有主体性、有创造性、有尊严的,对人的评价不能完全等同于对物的评价,必须考虑人的发展性、人性、伦理性、社会性等问题。

　　因此,对物的评价与对人的评价有着本质的不同。物的价值是物对人的关系,是物满足人的需要的程度,在物与人构成的价值关系中,人是价值主体,物是价值客体,物的价值大小取决于它满足人这个价值主体需要的程度。而人的价值是他自身的价值,人的价值表现为他在何种程度上成为真正的、自我实现的人,人的价值不应以任何外界的东西为评价标准,在根本的意义上,人与人是不可比较的。如果将人与物等量齐观,把对人的评价完全等同于对物的评价,就会造成消极的后果,不利于人的发展。

　　本节的评价对象是人,即发展中的学生。在本研究的范围内,评价是致力于对被评价者的理解,而不是对被评价者的控制。因此,作为本研究对象的评价,应该成为一个充满关怀、同情与理解的过程。

一、发展性学生学业评价

　　伴随着课程教学论的发展,学生在学习中的主体地位越来越受到关注,促进了教学从"教师中心"向"学生中心"的转变,形成了以学生为本的教学思想。为了学生的全面发展,必须建立科学的评价体系。学生评价是对学生学习进展与行为变化的评价,是学校教育评价的核心,促进学生发展是教育活动的本质追求。对于学校教育场景来说,学生发展是最终目的,学生是最终的价值主体,评价学生不是要判断学生能否满足另外的价值主体的需要,不是对学生的发展做价值判断,而是要衡量、描述学生的发展状态、发展水平,为下一步教学提供信息。因此,对学生的评价不仅要关注学生的学业成绩,而且要注重发现和发展学生多方面的潜能,了解学生发展中的需要。

　　学生评价具有两类性质不同的功能:本体性功能和附加性功能。本体性功能是指评价与生俱来的、原初的功能;附加性功能是指后来由于其他种种需要而附加上去的额外功能。选拔功能是学生评价的附加性功能。在学生中进行某种程度的选拔是迫于教育资源、教育机会、社会资源的限制而进行的。学生评价的本体性功能是在日常评价中体现的,而附加性功能是在升学考试、各类竞赛中体现的。当前教育实践中,人们把学生评价的附加性功能当作了最重要,甚至是唯一的功能,忽视了评价的本体性功能,因此,当代学生评价改革应倡导在日常学校教育教学中恢复学生评价的本体性功能,以评价促进学生的发展,即鼓励教师进行发展性学生学业评价。

　　教育中的发展性学生学业评价是当今一个复杂的研究热点,"它关注的核心是教师教学与学生学习的质量"(Ramsden,1992)[182],因此发展性学生学业评价被视为师生教学互动中的一个有机环节,评价结果对教师教学和课程决定具有指导作用。相比发展性学生学业评价,传统评价的弊端表现在:①过分强调甄别与选拔功能,忽视改进、激励与发展的功能;②过分关注对结果的评价,而忽视了对过程的评价;③评价标准单一机械,过多地强调共性和一般趋势,忽略了个体差异和个性化发展;④评价内容片面,过于注重学业成绩,过多倚重学科知识,特别是课本知识,而忽视了实践能力、创新精神、心理素质以及情感、态度、价值观和习惯等综合素质的考察;⑤评价方法单一,以传统的纸笔测试为主,过于倚重量化的结果,而缺少体现新的评价思想和观念的新方法;⑥评价主体多为单一源,而忽视了评价主体多源、多向的价值。

　　近20年来,在语言课程中的发展性学生学业评价逐渐成为研究的重点(Bachman,2002;McNamara,1996)。Stenmark(1991)[13]认为语言课程中的评价通常是"让学生完成一项任务,项目或研究,然后评价他们的成果,判断他们实际掌握了什么知识的过程"。语言课程评价过程中,教师通常用预先设定的行为标准来观察学生,或检验他们的学习成果,并对学生语言熟练程度做出专业的判断(Stiggins,1994)。正如Gollnick(1997)所总结的那样,它不同于传统的以考核学生最终学习结果为唯一目的的测试,教师可以通过评价学生的学习过程来反省和提高自己的教学。Gollnick(1997)因此倡导"教育机构可以通过实施和规范教师的发展性学生学业评价行为来提升教学的效率"。发展性学生学业评价具有以下特征:①由总结性学生评价走向形成性学生评价;②评价内容更全面、综合;③学生主动参与评价;④学生的成长发展过程成为评价关注的重点;

⑤强调评价方法多样化、文化价值多元化。

国外教育界对发展性学生学业评价的研究主要集中在以下几个方面:①按学科类别分类的实证研究:分科学和语言课程两类,代表性的研究有:科学如数学、化学课程中的发展性学生学业评价(Hughes,2005;Rodriguez,2004;Kumar et al,1993);语言课程中的评价(Bachman,2002;Gysen et al,2005;Liao,2004;McNamara,1997)等。②在探究教师的发展性学生学业评价行为的影响因素的众多研究中,很多国外研究发现语言教师的教学行为与其教学观念之间有着密切的联系(Breen,1991;Woods,1996;Mangano et al,1986;Williams et al,1997)。③部分外国学者专注于发展性学生学业评价的个案研究和经验分析,探讨并积累了多种发展性学生学业评价的方法和实例(Walvoord et al,1998)。

国内发展性评价研究与应用时间均不长,但新课改开始后,发展速度很快,代表研究者有:高凌飚、黄韶斌(2004)、广州市教育局教研室(2003)、毛新耀、吴丽(2004)、谢先庆、徐涛(2004)、姚莲彩(2004)、钟启全(2002)、周卫勇(2002)等。国内研究具有以下特点:①理论研究多于应用研究;②研究类别分布不均,多集中于"理念""原则""方法"等,但是"案例分析"与"应用反思"类较少;③研究的学科类别特征不明显;④基础教育阶段的研究较集中,对大学语言类课程教学较少关注。

二、语言课程中的发展性学生学业评价

在影响教师的发展性学生学业评价行为的因素的众多研究中,Breen(1991)和Woods(1996)坚信教师的原则和信仰,及他们所用的教学手段可以帮助人们理解其教学行为。Williams & Burden(1997)认为教师对"语言应如何学习"的固有观念渗透于

他们的教学活动中,其影响之深远远大于胜过他们所学的课本上的教学法或他们所使用的教材。Mangano & Allen(1986)亦发现语言教师的教学行为与教学信仰之间有着密切的联系。二语习得研究是应用语言学的一个重要分支学科,主要研究人们学习第二语言的过程和结果,对语言学习者的语言能力和交际能力进行客观描述和科学解释。专家认为二语习得研究能够帮助和促进学习者第二语言习得形成的过程,而教师恰当的教学行为亦可有助二语习得(Ellis, 2008; Larsen-Freaman et al, 1991)。目前国内二语习得理论界对学生语言学习的看法及学习过程关注较多,对教师层面的二语习得观念研究甚少,因此加强对语言教师二语习得观念的了解极具重要研究价值。基于上述理论,有理由认为语言教师对于二语习得理论的认知将影响其发展性学生学业评价行为模式,期待从教师二语习得观念的角度来改进其发展性学生学业评价行为是可行的。

国内外有三类较经典的"二语习得理论":行为论,天生论和交互论(Krashen, 1981; Lightbown, 1985; Spolsky, 1989; Larsen-Freaman et al, 1991)。这三大理论派系是环境主义,交互主义,到自然主义的一个延续变化的过程,他们之间并无绝对的界限,但是他们对二语习得过程中的各个影响因素(学习者的天生语言机制、知识、天生能力与后天能力之间的交互作用,环境因素、学习者特征、语言输入等)定义了不同程度的重要性。

三、教师的二语习得观念与发展性学生学业评价之间的理论关系

建构主义教育理论自 20 世纪后期盛行至今,虽然流派纷呈,但其核心思想是以学生为中心,强调学生对知识的主动探索、主动发现和对所学知识意义的主动建构。建构主义认为,人

们是在原有的知识和经验的基础上不断学习的。其前提假设是,所有学习者在接触任务时,有不同的先前知识,这些知识由其背景经验、先前学习及世界观、信念构成。学习者必须激活原有的经验,用自己的方式确保新的知识与已有知识之间形成意义的联结。建构主义认为,知识不是通过教师传授习得的,而是学习者在一定情境下,借助他人的帮助,利用必要的学习资料,通过意义建构的方式获得的。它重视的是学习者个人的能力、先前的知识、信仰和过去的经验。建构主义要求评价必须关注学生的学习过程,包括他们在学习中的态度、情感以及与他人合作的能力等。Shepard(2001)所提出的"建构主义范式"中强调了"学习理论""教学评价"和"课程改革"三者之间的互动关系。基于此范式基础,王艳艳(2011)提出了从"第二语言学习理论""发展性学生学业评价"和"商务英语课程"三者之间的关联性来讨论教师二语习得观念与发展性学生学业评价之间关系的建构主义研究模式(见图4-6)。

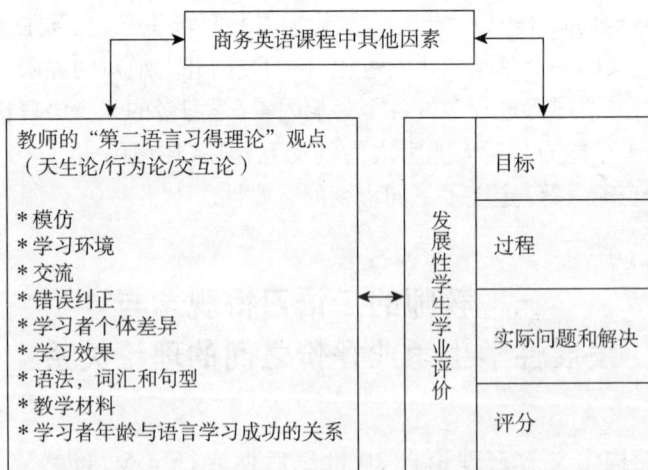

图4-6 教师二语习得观念与发展性学生学业评价之间的理论关系图

　　语言教师的发展性学生学业评价行为是一项系统工程,包含一系列环节,Herman 等(1992)提出"四环节"理论:评价的目标、评价的过程、实际问题和解决、评分。评价的各个环节紧密联系,相互制约。Lightbown & Spada(1999)的教师语言习得理论问卷,将三类语言学习观念进一步细化为九个观察维度:"模仿""学习环境""错误纠正""语法,词汇及结构""交流""教学资料""学习效果""学习者差异"以及"学习者年龄与二语习得成功之间的关联"。

　　基于上述理论分析,为了填补大学语言类尤其是商务英语课程中发展性学生学业评价研究的空白,本书将以某大学的 30 名商务英语课程教师为研究对象,分别从教师的语言习得的九个维度和大学英语课程中其他因素,这两个内外因角度来研究与发展性学生学业评价的四个阶段行为模式之间的关系。

四、研究设计

　　本实证研究历时一年,采用了多种研究手段和工具,例如问卷调查、访谈,文献分析和课堂观察。研究者对上海某高校 30 名商务英语教师进行细致的个案研究,探究大学商务英语课程中教师的发展性学生学业评价行为如何受其"二语习得观念"影响,并找寻可能影响其评价行为的商务英语课程的其他外因。技术关键在于利用 Lightbown & Spada(1999)的教师语言习得理论问卷中的问题为蓝本,用半开放式访谈来了解教师的二语习得观念;第二步随堂观察和访谈多位教师为期一学年的发展性学生学业评价行为,将 Herman 等(1992)的四个维度继续深化细化;第三步利用 NVIVO 软件进行数据分析,了解教师的第二语言习得观念,及影响其发展性学生学业评价行为的内在观念和外部因素。在原有理论框架的基础上建构起我国高校商务英语教师的二语习得观念与其发展性学生学业评价行为之间的影响模式。

五、研究发现

1. 行为论教师在发展性学生学业评价中重视学生的模拟活动并不断纠错

行为论二语习得观念来源于行为主义语言学习传统,认为反复强化模拟有助于养成正确的语言使用习惯,持行为论观点的教师主张通过简单模仿单词发音或语言结构来开始第二外语的学习。例如,表4-4中的数据显示,访谈中教师 E 认为"大多数学生是通过模仿老师发音、老师使用的语法规则、词汇和句型结构来学习英语的"。语言模仿是学习者对语言环境刺激的一种反应行为,因此与语言的环境关系紧密。在实际的发展性学生学业评价过程中,教师 E 和同样支持二语习得行为论的教师 F 特意为学生提供了模拟商务活动和课堂运用商务知识的机会,效果良好。

教师 E 如此描述自己的发展性学生学业评价行为:"学生们都很好地领会了我们的设计意图,都很认真地模仿了课堂的教学内容,将书本知识运用起来,像模像样地设计了产品,认真地去做调研,然后汇报,很像实际商务运作中的行为。"因此,行为论二语习得观念教师相信成功的发展性学生学业评价的设计目标应当是帮助学习者主动模仿第二语言的使用情况。他们还强调学生对外界语言环境刺激的积极反应是二语习得成败的关键性因素。

学生在第二语言学习过程中所犯的错误,可以让教师知晓他们有哪些知识点没有掌握。因此,语言学习中的犯错应当被看做是二语习得的过程而不是令人不愉快的学习结果。学者们对错误纠正的态度不一,有人认为错误纠正是无效或可能是有害的(Truscott, 1999),有人却认为错误纠正是必要的有益于语言习得

的(Russell et al, 2006)。教师中也因各自的二语习得观念不同，
对发展性学生学业评价中的错误纠正持有不同看法。

如表4-4所示，行为论教师认为成功的二语习得经验是通过
不断地对外界语言环境刺激的重复反应而获得的。因此，为了防
止养成不良的语言使用习惯，他们在发展性学生学业评价过程中
不断地对学生进行错误纠正。例如，教师F认为，"我觉得老师一
定要纠正错误，帮助学生掌握正确的语法，词汇，和发音规则等。
这是老师的责任，不能视而不见。因为坏的习惯养成容易，要改就
难了"。

教师E和教师F不仅关注学生的语言准确度也关心学生的情
绪，因此不会当场指出学生的错误令他们尴尬，通常是记录下错
误，课后再反馈给学生。这样的错误纠正可以避免学生对二语学
习产生焦虑、沮丧和紧张等负面情绪，最终有助于形成良好的二语
学习环境。

2. 天生论教师对交流和学习效果的不同看法影响其发展性学
生学业评价行为

如表4-5中的研究数据显示，与传统的二语习得天生论者否
定"交流"在二语习得中的作用不同，该研究中的天生论商务英语
教师(教师C和教师D)认为"学生之间的交流对他们的二语习得
有益"，并且他们将"交流"视作二语学习的目标和过程。因此，实
施发展性学生学业评价时，他们在"预期效果""性质与形式""小
组活动""允许的帮助""给学生的反馈"和"评分过程"中强调了
"交流"的重要性。他们把"交流"视作"学习成效"的技能标准之
一，同时他们也认为"学习效果"的目标达成可以由学生自己掌
控。这种与传统天生论相背离的认知显示出商务英语教师们在实
施发展性学生学业评价行为过程中，为了达成良好教学效果，不断
自觉纠正自己对二语习得的认知，呈现出对交互论二语习得观念
的认同。

3. 交互论教师的发展性学生学业评价行为深受其对交流概念的理解影响

如表 4-6 所示,交互论教师提出,学生在生生交流和师生交流中学到了很多有益于二语习得的技能。研究数据表明,交互论教师的以上观点深深影响了他们在"预期效果""教材、设备与资源""管理局限""时间""允许的帮助""任务顺序""任务指南""评分系统""评分过程"和"评分的功能"等发展性学生学业评价过程中的实际操作。因此,可以认为交互论教师对二语习得中"交流"概念的理解几乎影响了其发展性学生学业评价的全过程。研究者在访谈和观察中感觉到,交互论商务英语教师们在使用发展性学生学业评价手段时最为得心应手,因为他们的二语习得理念完全吻合发展性学生学业评价的宗旨—强调互动型的学习,真正做到了言行一致。

表 4－4 行为论商务英语教师的二语习得观念与其发展性学生学业评价行为之间的影响模式

教师的发展性评价学生学业行为 \ 商务英语课程中其他因素（行为论教师的观点）	学习环境	模仿	语法、词汇和句型	错误纠正	交流	教学材料	学习者个体差异	学习者年龄与语言学习成功的关系	学习效果
1. 评价目标									
1.1 预期效果									
不同课程的目标不同	课程大纲	•							•
发展性学生学业评价中强调词汇与语法			•						•
1.2 合适的内容/选题					课程大纲				
1.3 性质与形式									
比较研究	课程大纲								
商务模拟	课程大纲	•							

（续表）

行为论教师的观点

教师的发展性评价行为 学生学业评价行为	商务英语课程中其他因素	学习环境	模仿	语法、词汇和句型	错误纠正	交流	教学材料	学习者个体差异	学习者年龄与语言学习成功的关系	学习效果
2. 评价过程										
2.1 小组活动或学生个体活动过程	课程大纲									
小组活动										
学生小组活动时的合作						●				
2.2 教材、设备和资源——充足的信息							●			
2.3 管理限制——双人评分	课程大纲									
2.4 时间	课程大纲									

（续表）

教师的发展性评价学生学习行为	商务英语课程中其他因素	行为论教师的观点								
		学习环境	模仿	语法、词汇和句型	错误纠正	交流	教学材料	学习者个体差异	学习者年龄与语言学习成功的关系	学习效果
2.5 允许的帮助——错误纠正					•					
3. 实际问题与应急处理										
3.1 任务顺序	课程大纲									
为学生提供详尽的行动计划	课程大纲									
简明的过程描述	课程大纲									
3.2 提供其他选项	课程大纲									
3.3 任务指南	课程大纲									
3.4 提供反馈					•					
4. 评分										
4.1 评分机制										

（续表）

教师的发展性评价行为 / 学生学业评价行为	商务英语课程中其他因素	行为论教师的观点								
		学习环境	模仿	语法、词汇和句型	错误纠正	交流	教学材料	学习者个体差异	学习者年龄与语言学习成功的关系	学习效果
课程评价信息	课程大纲									
英方课程负责人决定课程评价机制	课程负责人									
双人评分制/同伴互评制	课程大纲									
4.2 评分过程——演讲评分表										
内容			●				●			
表达				●						
语言										
4.3 评分的作用										
检查教学效果							●			●
调整教学内容							●			
推动学生的语言学习								●		

表 4 - 5 天生论商务英语教师的二语习得观念与其发展性学生学业评价行为之间的影响模式

教师的发展性学生学业评价行为	商务英语课程中其他因素	天生论教师的观点								学习效果
		学习环境	模仿	语法、词汇和句型	错误纠正	交流	教学材料	学习者个体差异	学习者年龄与语言学习成功的关系	
1. 评价目标										
1.1 预期效果										
学习者技能的提高	课程大纲					•				•
课程本身而不是教师决定目标	课程大纲									
1.2 合适的内容/选题	课程大纲									
1.3 性质与形式										
演讲作为培养学生四种语言交流技能的方法	课程大纲					•				•
文化日活动	课程大纲									•

（续表）

教师的发展性评价 学生学业学习行为	商务英语课程中其他因素	天生论教师的观点								
		学习环境	模仿	语法、词汇和句型	错误纠正	交流	教学材料	学习者个体差异	学习者年龄与语言学习成功的关系	学习效果
2. 评价过程										
2.1 小组活动或个体活动										
小组活动	课程大纲					•				
小组活动中强调个体贡献	课程大纲						•			
2.2 教材，设备与资源——充足的真实材料								•		
2.3 管理限制条件										
未考虑学习者的差异										
2.4 时间	课程大纲									

（续表）

教师的发展性评价学生学业学习行为	商务英语课程中其他因素	天生论教师的观点								
		学习环境	模仿	语法、词汇和句型	错误纠正	交流	教学材料	学习者个体差异	学习者年龄与语言学习成功的关系	学习效果
2.5 允许帮助——错误纠正										
检查申请信件					•	•				
师生咨询					•	•				
3. 实际过程和应急处理										
3.1 任务的执行顺序										
演讲的九个步骤	课程大纲									
国际文化日的三步骤程序	课程大纲									

（续表）

教师的发展性学生学业评价行为	商务英语课程中其他因素	天生论教师的观点								
		学习环境	模仿	语法、词汇和句型	错误纠正	交流	教学材料	学习者个体差异	学习者年龄与语言学习成功的关系	学习效果
3.2 提供其他选项	课程大纲									
3.3 任务指南										
提供研究问题样本			●							
研究的诀窍			●	●						
建议使用口语化词语等										
公布评分标准	课程大纲									
3.4 提供反馈										
及时反馈						●				
师生咨询时提供反馈						●				

（续表）

教师的发展性学生学业评价行为	商务英语课程中其他因素	天生论教师的观点								
		学习环境	模仿	语法、词汇和句型	错误纠正	交流	教学材料	学习者个体差异	学习者年龄与语言学习成功的关系	学习效果
4. 评分										
4.1 评分体系										
课程评价信息	课程大纲									
能力为主的评分标准	课程大纲									
教师对评分标准的认识										•
双人评分与学生互评	课程大纲									•
发展性学业评价中教师的态度对评分的影响										•

（续表）

教师的发展性学生学业评价行为	天生论教师的观点										
	商务英语课程中其他因素	学习环境	模仿	语法、词汇和句型	错误纠正	交流	教学材料	学习者个体差异	学习者年龄与语言学习成功的关系	学习效果
4.2 评分过程						•				
D 的改革——两次师生咨询										
C 的演讲评分——强调语言运用				•						
D 的国际文化日评分表——注重内容相关性	课程大纲	•								
4.3 评分的作用										
学生多方面的进步										•
促进下一年评价方式的改变										•

表 4－6 交互论商务英语教师的二语习得观念与其发展性学生学业评价行为之间的影响模式

教师的发展性评价学生学业评价行为	商务英语课程中其他因素	交互论教师的观点								
		学习环境	模仿	语法、词汇和句型	错误纠正	交流	教学材料	学习者个体差异	学习者年龄与语言学习成功的关系	学习效果
1. 评价目标										
1.1 预期效果										
现有的评价手段能有效地评估学生能力										•
学会用课堂上的知识进行交流						•				•
1.2 合适的内容／选题	课程大纲									
1.3 性质与形式										
技能型课程中应多些语言输入	课程大纲	•								
国际文化日，两次咨询	课程大纲					•				

（续表）

教师的发展性评价学生学习行为	商务英语课程中其他因素	交互论教师的观点								
		学习环境	模仿	语法、词汇和句型	错误纠正	交流	教学材料	学习者个体差异	学习者年龄与语言学习成功的关系	学习效果
2. 评价过程										
2.1 小组活动或个体活动										
小组活动	课程大纲									
2.2 教材、设备与资源——充足的真实材料					•	•				
2.3 管理眼制条件										
双人评分	课程大纲					•				
时间限制										
2.4 时间										
严格执行要求	课程大纲									
不满意——希望更多互动	课程大纲					•				

（续表）

教师的发展性学生学业评价行为	商务英语课程中其他因素	交互论教师的观点								
		学习环境	模仿	语法、词汇和句型	错误纠正	交流	教学材料	学习者个体差异	学习者年龄与语言学习成功的关系	学习效果
2.5 允许的帮助										
展示作业样本						•				
师生咨询						•				
3. 实际过程和应急处理										
3.1 任务的执行顺序	课程大纲					•				
3.2 提供其他选项	课程大纲									
3.3 任务指南										
较多的面对面指导						•				
详细和综合的发展性学生学业评价指南							•			

（续表）

教师的发展性学生学业评价行为	商务英语课程中其他因素	交互论教师的观点							学习者年龄与语言学习成功的关系	学习效果
		学习环境	模仿	语法、词汇和句型	错误纠正	交流	教学材料	学习者个体差异		
3.4 给学生反馈										
宣布学生演讲评价标准						•				•
教师的反馈差异	课程大纲									•
4. 评分										
4.1 评价体系										
课程评价信息	课程大纲									
评分体系	课程负责人									
评分体系中对学生合作的要求						•				
内容最重要				•						•
双人评分与学生互评	课程大纲									

（续表）

商务英语课程中其他因素	交互论教师的观点								
	学习环境	模仿	语法、词汇和句型	错误纠正	交流	教学材料	学习者个体差异	学习者年龄与语言学习成功的关系	学习效果
评价表格的解释	课程大纲								●
4.2 评分过程讲评分表									
教师 A 的评价表格——强调语言运用					●				
教师 B 的国际文化日评价表					●				
4.3 评分的作用									
改进未来的教学内容和手段						●			●

六、研　究　结　论

1. 商务英语教师的二语习得观念是其发展性学生学业评价行为的最主要影响因素

根据半结构性访谈和课堂观察的结果,研究者发现教师的二语习得观念与发展性学生学业评价行为之间的关联紧密程度大大超越了英语课程中其他因素,因此教师的二语习得观念可以被认为是其发展性学生学业评价行为的最大影响因素。例如,教师们经常用自己的二语习得观念来解释自己在实施发展性学生学业评价行为时的一些行为("预期效果""教材,设备与资源""管理限制条件""允许的帮助""任务指南""给学生的反馈""评分过程"和"评分的作用"等)。这一发现证实了教师二语习得观念上的不同会导致他们在课堂教学手段上的差异。

2. 商务英语课程中其他因素对其发展性学生学业评价行为有影响

研究结果表明,课程大纲和课程负责人在教师的发展性学生学业评价行为某方面有着较为重要的影响,比如发展性学生学业评价行为实施过程中的"合适的内容/选题""性质与形式""小组活动""时间""任务顺序""提供其他选项"和"评分体系"等具体步骤。

众多研究表明教师的信仰会影响教师的课堂教学行为(Rupley et al, 1984; Nespor, 1987; Richardson et al, 1991)。Calderhead(1996)也认为对学生学习持有不同观点的教师会表现出不同的课堂行为和互动方式。本研究的发现亦证明教师的二语习得观念差异影响了他们在课堂中实施发展性学生学业评价时的行为。然而,这不意味着教师的二语习得观念是唯一的影响因素。

本实证研究中的发展性学生学业评价发生在某大学的商务英语项目中,该项目的特征是独特的课程目标和多样的发展性学生学业评价方式。课程负责人设计和决定了每一门课程的大纲。研究者通过对课程大纲的分析和对教师访谈了解到,大纲对教师发展性学生学业评价实施过程中的某些方面有影响。

3. 商务英语教师在学习成效和教学材料方面的二语习得观念深刻影响着其发展性学生学业评价行为

研究发现,无论教师持有何种二语习得观念,他们对学习成效和教学材料的看法主宰着他们的发展性学生学业评价行为。这一发现意味着二语习得观念中关于学习成效和教学材料的认知与教师表现性行为相关性最高。因此,研究者认为可以通过促进教师在学习成效和教学材料方面的认识来提升其发展性学生学业评价行为。Lee、Sze 和 Chun(2001)强调过教师正确选择教学资料的重要性,呼吁给予英语教师专业性的指导,同时认为学会评判教科书是教师专业发展的部分内容。

4. 商务英语教师在学习者年龄与语言学习成功的关系方面的二语习得观念与其发展性学生学业评价行为相关性不大

与教师在学习成效和教学材料方面的二语习得观念深刻影响着发展性学生学业评价行为不同,研究表明,教师在学习者年龄与语言学习成功的关系方面的二语习得观念对其发展性学生学业评价行为影响不大。这一发现表明,商务课程教师在实施发展性学生学业评价行为时,甚少考虑学习者的年龄因素。

5. 建议使用多种有效的发展性学生学业评价手段

(1) 观察(observation)

观察其实是最古老的评价方法,在苏格拉底时代,教师就已经通过观察对学生进行评价,并根据自己听到的和看到的来调整教学方法。但是,随着标准化测验的兴起,作为评价的一个正式方法的观察却被忽视了。随着多元评价和质性评价的回归,观察再度成为重要的评价工具。观察的提倡者宣称,没有任何评价能像观察那样勾画出丰富的、连贯的学生发展的图像。如果我们关注的是学生本身,那么最有效的评价就是在对学习有关键作用的情境中观察学生。

对基于观察的评价来说,知道观察什么是非常重要的。帮助观察者聚焦于观察什么的最常用的工具是发展核查表(developmental checklist)和访谈表(interview sheet)。发展核查表描述了观察者应该观察的特征和学习行为。在整个学年中反复使用发展核查表,将会勾勒出一个学生在整个学年中发展的清晰图像。访谈表有许多种形式,采取哪种形式取决于访谈者希望观察什么。访谈表通常包括教师计划询问学生的一系列问题以及记录学生回答的空白。

在基于观察的评价中,最大的问题是时间问题。尤其是在规模较大的班级中,在一定时间内不可能把精力集中在观察某个儿童的身上,更不用说有时间来做大量的观察记录了。因此,如何在时间允许的范围内使观察易于进行,是研究者和实践者需要思考的问题。

（2）成长记录袋(portfolio)

通过评估学生的有形作品来评价他们的进步,有许多种收集和组织作品的方法,如写作文件夹和科学记录本,其中最常用的是创建成长记录袋来展示学生作品的范围和质量。

成长记录袋是一个容纳了学生的技能、观念、兴趣和成就的容器。一个设计良好的成长记录袋应该包括经过深思熟虑组织的大量作品。成长记录袋记录的是学生长期的学习情况,这使之成为一种特别有用的评价工具。它关注的是学生能做什么,而不是与标准答案相比他们的不足。当使用成长记录袋评价时,成绩上处于劣势的学生所受到的肯定反馈使他们把评价看成是一种积极的而不是消极的经历。

Diane Hart 认为设计良好的成长记录袋可以服务于四个方面的目的:教师评价学生的成长和进步;父母和教师对学生的作品进行更有效的沟通;教师和教学监督者评估教学计划;学生在评价过程中和教师成为伙伴。成长记录袋最宝贵的财富在于学生的自我评价,它给学生提供了一种对他们的学习负责的方式,提高了学生的自豪感和自尊心。

成长记录袋的内容灵活多样,它取决于成长记录袋的目的。另外它也会由于观看者的不同和观看者最想看到的内容的不同而灵活安排。精心选择的学生作品样例是大多数成长记录袋的核心内容。除此之外,学生对自己作品的反应也同样重要。因此,大多数成长记录袋都包括了学生的自我评估和反思性陈述。

成长记录袋的类型很多,通常提到的有三个类型:成果型成长记录袋、过程型成长记录袋以及进步型成长记录袋。成长记录袋开发至今,已形成一套较为成熟的操作体系,关于这方面的文献唾手可得,在此不再赘述。

(3) 表现性评价(performance assessment)

表现性评价关注的问题是:我们如何知道他们知道了什么?表现性评价是用来测验学生在各种真实的情境中使用知识和技能的能力。它通过给学生呈现模拟真实世界的挑战和问题,把这种真实感带进课堂。在这样的任务中,解决问题的途径或答案不是唯一的,它通常由学生合作完成。

表现性评价与其他传统测验的区别主要在于引发学生真实行为表现的程度。真正的表现性评价必须具备至少三个特征:多重评估标准、预定的质量标准、主观的评估。表现性评价必须要实现好两个核心问题:给学生选择适当的任务,以及学生完成任务后评价学生反应的满意程度。表现性评价涉及的主要变量有:核心教学目标、教师希望得出的学生评价推论、用来获取数据以支持评价推论的表现性测验任务。教师的教学目标是评价推论的依据,而表现性任务产生了教师达成评价意见的证据。根据学生对教学目标的掌握程度，教师可以确定下一步教学的内容和安排。

Diane Hart 从形式和应用方面，把表现性任务分为三大类：简短评价任务；更具雄心的事件性任务；长期的延续性任务。对表现性任务的划分，目前也存在多种意见，这主要是由于划分依据不同造成的，篇幅所限，在此不再一一述评。

6. 跨学科的理论贡献

本研究是跨学科性特征，从二语习得理论和学生学业评价理论角度探讨发展性评价模式的形成，及如何优化高校商务英语课堂教学，这是一个崭新的研究视角，具有理论上的独创性，将丰富国内高校商务英语课程中的学生学业评价模式研究。本研究将高校的商务英语教师个案进行集中分析，经验总结，帮助他们反思，发现自己教学实践中的优缺点，从而克服学生学业评价行为的主观性，达到一定程度的标准化，这将促进广大学生的英语学习效果提升，对商务英语项目本身、新教师培训、现任教师的职业发展、学生评价理论发展具有一定意义。

第五章

文化教学

第一节　英语语言霸权现象

传统的商务英语教学中基本都依照"英语+商务知识"的模式进行,课堂教学模式单一,大多采用教师讲、学生听的单向式课堂模式。教师没有将商务英语学习置于真实的商务场景当中,没有在课堂教学中强调全球文化培养意识,从而造成了教学中重语言轻能力、重商务轻文化、重知识轻实践的教学误区。传统的商务英语教学从教学大纲、课程安排、教学资料、教学方法、考核方式等都反映了文化的缺失。因此,本节内容将通过对英语语言文化霸权现象的分析入手,讨论如何在商务英语教学中进行文化灌输。

英语全球化现象有目共睹,这给众多非英语国家带来了跨文化交流的便利,促进了繁荣发展,同时也给这些国家的民族语言带来了极大的冲击。西方的生活方式、核心价值观和世界观开始侵蚀非英语国家的文化和语言。这就是英语核心国和边缘国之间所形成的英语语言帝国主义现象。

本节总结了许多学者的相关理论与研究,探讨了英语语言帝国主义的成因及其对英语语言教育的影响,并针对中国的英语霸权现状对英语教学提出了两点建议:①为实现英语本土化和标准英语的结合,提倡发展中国英语;②改变教学范式以充分体现多元标准。

一、英语的全球强势地位

英语在 20 世纪已经成为了全世界使用最广泛的语言。克里斯特尔在《作为全球语言的英语》(*English As a Global Language*)一书中指出,如今英语不仅是英国、美国、加拿大、新西兰、南非等国家的母语,同时也成为世界上其他 70 多个国家的官方语言(Crystal,1997)。而且从未来趋势看,"英语帝国"的强势扩张是必然的。英语的成功,已经远远超出历史上曾经当做"共同语"的任何语言。拉丁语曾是欧洲教会与学术界的"共同语",俄语曾是社会主义阵营的通用语,阿拉伯语至今还是伊斯兰世界的通用语,但它们都没能成为世界共同语。19 世纪大英帝国在世界各地推行殖民主义政策,扩展其政治、经济、文化、教育、社会等各方面的帝国统治;20 世纪美国在全球政治和经济方面建立了霸主地位。这些英语国家在语言政策和规划方面非常重视英语的地位和对外扩张,在美国,"English only"运动支持者把"英语看作是唯一确保美国文化身份完整性的工具"。这一类带有意识形态意义的举措深深影响着英语教学的发展,导致了英语全球化。这意味着强势文化对弱势文化的霸权,标志着语言帝国主义(linguistic imperialism)的形成,全球化进程助长了强势语言覆盖下的文化不平等现象。

二、世界各地的反英语语言霸权现象

英语这种国际性语言的存在促使人们思考和探究。人们首先把目光投向了由于英语的扩散而导致濒危的语言。联合国教科文组织(UNESCO)2002 年公布的数据表示,联合国登记的 6000 多种语言中至少有 3000 种面临消失的危险。使用这些濒危语言的民族把英语这种殖民语言的推广看作是一种侵略行为，并提出抗议，形成了"语言民族主义"浪潮。一些国家试图通过颁布语言政策来干预英语的过分扩张，比如欧盟自 1980 年以来曾做出强硬规定，不惜一切代价保护和宣传欧共体的语言，不论这些语言使用人群数量有多么少。法国 1974 年通过"纯正法语保护法"，规定"凡使用不合法的英式风格的表达将处以罚款"；1984 年又成立了"法语语言决定委员会"（Bryson，1990）。据统计，法国每年要花费约 1 亿美元来推广法语文化。波兰、德国、西班牙、拉脱维亚、中国香港以及拉丁美洲的一些国家都采取过类似的举动，尽力维护自己民族母语的地位。

英语向全球的大肆扩张与蔓延有可能导致部分语种的消失，这种担心是可以理解的。毕竟，一个国家语言的消失就意味着其本土文化和身份的消失。布鲁特-格雷菲勒认为是英美文化成就了英语在世界上的霸权地位（Brutt-Griffler，2002）。英语在原非英语国家中侵占其主导语言地位的同时，它所携带的文化价值观也会逐渐植根于该国国民，使语言帝国主义更加深刻地影响非英语国家的教育和社会生活。

三、英语语言帝国主义的定义及相关研究

莫里森等认为"语言帝国主义是少数语言以牺牲大多数语言为代价，它是单向学习的催化剂，把知识、信息从权力一方灌输给没有权力的弱势方"（Morrison et al，2000）。菲利普森则将英语语言帝国主义定义为"通过英语和其他语言之间的物质和文化不平等关系的确立，并不断重新建构、维护和巩固英语的支配地位"的过程（Phillipson，1992）。

　　同莫里森等一样,菲利普森也注意到了英语语言帝国主义形成过程中的英语和非英语国家的对立(Phillipson,1992)。因此,他利用"二分法"将世界上说、学英语的国家分为核心国与边缘国两大类,并以此说明英语语言帝国主义的形成原理。其中,核心国指的是美、英、加、澳、爱尔兰等以英语为母语的国家。而边缘国则再细分为以英语作为与国际衔接之语言(English as an international link language)的国家,如日本、瑞典等国,以及以英语为国内主要沟通语言(English as an intra-national communication language)的国家,即前英、美殖民地(参见图5-1)。他(1992)认为:"英语教学的宗旨会产生意识形态和结构上的影响。因为这些宗旨会加深核心国对边缘国的控制。"他的"二分法"指出了英语语言帝国主义对非核心英语国家的支配意图和对其他语言的歧视,以及对英语教学的影响。

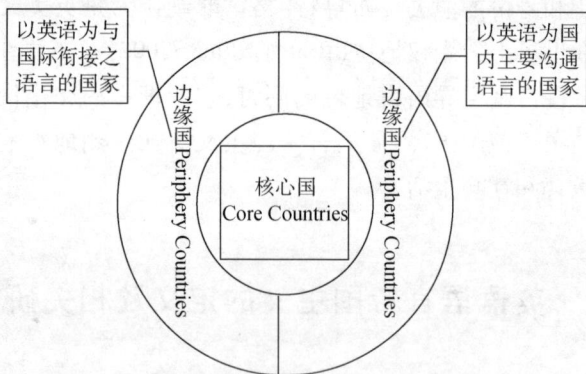

图5-1　Phillipson 的核心国与边缘国分类法

　　霍利迪、卡纳伽拉雅、彭尼库克、布鲁特-格里菲勒、瑞森图等也相继著书讨论非英语国家包括第三世界国家中普遍存在的英语语言帝国主义问题(Holliday, 1994；Canagarajah, 1999；Pennycook, 1994；Brutt-Grifler, 2002；Ricento, 2006)。学者们的观点分为两派:一派认为英语的语言霸权现象对本土语言有摧毁及削弱作用;另一派则认为英语在第三世界国家并不享有绝对霸权。

卡纳伽拉雅发现英语和它所携带的文化对后殖民时期的一些第三世界国家影响极大(Canagarajah,1999)。人们生活在西方文化与民族文化、西方价值观与民族价值观的困惑之中,在英语和本族语的冲突中难以选择,因为英语已经深深植根于他们的土壤和意识中。瑞森图则认为英语通过经济、政治、社会、文化、教育统治和掠夺手段,在殖民地国家推广、提升其语言过程中,对本土语言造成毁灭性效果(Ricento,2006)。

另一批学者对英语语言帝国主义持不同观点。霍尔博罗认为"并不是所有核心英语国家的英语都处于支配地位,也不是所有处于边缘国家的英语使用者都受到歧视,在核心英语国家,也是一种社会方言凌驾于其他非标准变体之上"(Holborrow,1993)。布鲁特-格里菲勒也对英美语言政策导致这种语言特权和英美有意识地强制推销英语霸权的观点提出了质疑(Brutt-Griftier,2002)。但她还是肯定语言帝国主义具有一定的强制性,排斥外来语言,把文化帝国主义和新殖民主义结合起来,进入帝国主义的新阶段。

不论两派的观点如何相抵触,有一点他们是互相认同的:承认英语的全球化现象和对非英语国家语言教育的巨大影响。

四、英语语言帝国主义形势下的英语语言教育

来自主流英语国家的教学理念和方法一直在英语语言教学中起支配地位,这些理论和方法的应用在不同的非英语国家学习语境中会产生不同的效果偏差,因此需要以本土化的理论与方法指导具体的教学实践。下面就以卡纳伽拉雅的研究为例说明英语语

言帝国主义形势下的英语语言教育情况。

卡纳伽拉雅并不赞同菲利普森从结构主义宏观社会学研究视角来研究语言帝国主义这一现象,认为其研究太过决定论,没有关注学习者和教授者的个人因素,而且远距离的研究不能充分反映边缘国社会中英语课室里的现实(Canagarajah, 1999)。相比而言,霍利迪的研究虽然考虑到了教学实施这一微观层面,却缺乏足够的理论基础、文化内涵和历史深度。所以卡纳伽拉雅在比较了菲利普森和霍利迪在分析英语语言帝国主义现象时分别采用的宏观社会学与微观社会学研究角度之后,撷取两者之精华,形成了自己的理论架构。卡纳伽拉雅用微观社会学视角来分析后殖民地社会中泰米尔人的英语课室中师生的行为,观察英语帝国主义背景下,后殖民地社会边缘国社群在英语学习过程中对英语的抵制和撷取。而这一现象的发生发展都是在一个历史脉络下,在英语教学的课室中,通过英语边缘国与核心国之间在文化社会政治经济意识形态等方面的对比叙事进行的。

语言承载着其民族主流价值观,虽然英语给边缘国社会人群带来一些收益,但核心国家的主流教育法并不能完全适用于边缘国,所以卡纳伽拉雅倡导应当善于运用英语以适应他们当地的需求。他发现泰米尔人的聪敏之处是懂得以撷取的态度对待英语,一方面充分享受英语带来的便利和效益,另一方面坚持自己的民族文化和语言等传统。这就是后殖民社会中对英语的第三种态度,也是一条有效有利的出路。这也说明了以"强制"态度对待英语教育的弊病。卡纳伽拉雅根据泰米尔的教师们的行为和态度,总结了许多供教师借鉴的英语课堂教学中的教学方法,以达到"撷取"的目的。卡纳伽拉雅认为单一采用英语或母语教学会导致"英语霸权"或"母语霸权",而在课堂环境中将两种语言融合起来可以有效地抑制"语言帝国主义"的产生,使两种语言的使用达到平衡,文化间互相取长补短。

在新殖民主义时代,语言教育渐渐取代了旧的赤裸裸的剥削方式,通过创建主流话语来建立并巩固英语与其他语种在结构和文化上的不平等,从而服务于核心国家的利益。而在边缘国家,英语语言教学霸权的历史已逐渐演化成为教育领域的语言帝国主义。卡纳伽拉雅的研究带给英语教育从事者很多启示,在英语教学过程中,应当强调学习英语及其文化是为了更好地吸收和运用国外先进的东西,引导学生在学习英语时培养民族归属感,热爱和尊重自己的民族语言。

五、英语霸权在中国

中国是菲利普森定义的边缘国中"以英语作为与国际衔接之语言"的国家中的一员。作为四大文明古国中唯一保存本国语言文字的国家,在经历了历史的冲刷之后,如今又要面对外来语言——主要是英语的日甚一日的挑战。英语在中国的传播始于20世纪初。新中国成立后经历了几个低潮之后,于80年代确立了它在中国的"第一外语"地位。改革开放以来,我国政府大力推行发展英语教育的方针,尤其是中国成功加入WTO,主办2008年奥运会和成功申请举办世博会之后,学英语的热潮可谓方兴未艾。在这种情况下,以汉语为母语的人应该保持一种怎样的姿态,是个值得关注的问题。在西方中心主义、文化自卑心理、实用主义、反传统思想的强力下,我们从社会到个人都被淹没在英语的洪流中。在当前英语与汉语的对话中,英语处于明显的强势地位,而汉语则声音微弱,甚至失语。

在我国相关政策和教育导向中,英语在某些方面已取得霸权地位,主要体现在三方面:一是把英语定为选拔任何一种高等人才的硬性条件,英语水平的高低成为重要的筛选标准。二是许多学校不顾学科内容倡导用英文讲课,中国大陆地区的英语教育从小学、中学、大学、硕士研究生到博士研究生阶段,无不伴随着英语课程。在台湾地区也有过关于幼稚园是否应该教英文引发的争议,正反两方主要争论在于孩子学习英文的时间点,但对于强化英文学习这件事却并未受太大质疑。三是英语学科和其他学科之间以及英语与其他语种之间的不平等。中国人患这种全民性的英语强迫症已有些时日,大多数人却并未认真反思过这个问题,"国际化"成为目前全民英语运动的最强硬响亮的口号,有许多人相信,学会英语便得到了开启世界的钥匙。人们在学习英语的过程中,过分地强调了目的语的社会文化能力,从而忽视了母语社会文化能力,在不知不觉中接受西方文化,特别是英美文化,认同了西方的价值观。

面对中国的英语泛滥,笔者不禁要问——我们该作怎样的反思?

一方面,我们需要学习外国文化,但外国文化吸收到多少才适宜,才既不喧宾夺主,又足够推动本国文化发展?另一方面,我们学习外国文化自然需要通过外国语言来学习,全球化的态势要求我们学会一种甚至几种外国语言,但这种外国语言的学习,必然影响本国语言的学习,这种关系该如何处理?笔者认为,全球化并非美国化,也不是英语化。数以十亿计的人口的语言和文化在全球化过程中应该有自己的话语权,而不应该在这个浪潮中被淹没。

六、反思中国的英语教学

1. 提倡"中国英语"——英语本土化和标准英语的结合

基于英语全球化的现实,詹金斯提出的"国际英语"(International English)概念力图寻求一个所有英语变体的"共核",

以确保所有国家地区中英语变体在可学性原则下的共同性
(Jenkins, 2000)。克里斯特尔的观点与前者有异曲同工之处,他
主张"在一个和谐的语言世界里,语言的通用功能与体现地方特色
的本土功能两者都需要。我们的理论模式和教育模式应该允许这
两种功能的相互补充"(Crystal, 1999)。中国学者文秋芳和俞希
(2003)也提出了一个"双层英语"的假设,即英语共核与本土化英
语的有机结合,肯定了英语本土化的作用。因此中国英语作为"中
国人在中国本土上使用的,以标准英语为核心的,具有中国特点的
英语变体"(汪榕培,1991)是有其存在的意义和理论根据的。在
英语不断国际化及由此产生的本土化的过程中,地域性变体的产
生的是不可避免的,而制定一种所谓的标准英语作为所有变体的
唯一标准也是不合理的。因此人们只需在全球化的国际交往中遵
循国际英语的共核,使用其自身英语语言变体,达到成功交流的目
的便可。这样就把英语各种地域变体的地位摆公正了,没有孰
"优"孰"劣"的问题,因而更符合现代语言学的观点。

2. 改变教学范式——体现多元标准

英语作为全球通用交际语,不再仅仅是英美文化的载体,而应
该成为多元文化的载体。因此英语教学在教学目标制定、内容选
取、教学方法和手段运用、课程设置等方面都应该考虑英语作为国
际化语言的作用,不必再极力追求"达到或接近本族语水平"作为
最终目标,在教学大纲制定等方面应适当考虑学习者母语文化和
世界多元文化内容,以避免外语教学中的语言文化单一化而导致
削弱学习者的母语及母语文化能力、跨文化交际能力,妨碍语言多
极化发展。刘润清就曾经强调过,教师要注意的是:"我们不仅向
学生传授西方文化,而且要引导他们深入了解中国文化。两种文
化相遇,只有区别没有优劣;尽量去理解、容忍、接纳对方,而不是
排斥、敌视、污蔑对方。容忍一种文化不是低三下四,而是豁达,通
俗,有教养的结果;放弃母语文化也不是什么弃暗投明,而是肤浅、

狭隘无知的表现"（董霄云,2008）。总之,在与其他语言文化的互动中,英语教师与学习者应积极应对,去包容、吸收,而不是被同化,要找准自己的定位而不是失去自我。

七、结　语

从公民个人的角度来讲,人们为了实现个人发展和追求幸福生活,遵循"合乎利则行,不合乎利则止"的原则是可以理解的。只要学英语能够帮助他们实现目标,每个人都有权选择是否投身于这场大潮当中。但是从整个国家和民族的角度来讲,就有必要对这一现象进行理性的、全面的思考,反对英语霸权的呼吁也不能简单地视为杞人忧天。这种不平等的语言使用局面有历史、经济等等众多复杂的原因,不可能在朝夕之间改变。既然我们尚无力改变目前的状况,那就要坚定在固守母语和传统文化的基础上去学习英语,以兼容并蓄的心态来对待英语以及西方文化,加强中西方的语言和文化的交流与对话的心态。中华文明有着数千年的深厚积淀,汉语历经千锤百炼,在世界上独树一帜,绝不会面对英语的入侵而不堪一击。正如闭关锁国不能保证国家不受侵略一样,天真地坚持把本国文化和语言隔离起来以使之免受英语的威胁也会适得其反。

纵观历史,强盛与开放是互为因果的。中国人学会了英语,对西方文明有了更多的了解,并不意味着就会全盘接受。应该借用英语来展现自己的文化魅力,而不是要尝试用英语来模仿英语国家的文化特征。相反,通过了解和沟通,我们开阔了眼界,吸收了其他文明的精华,摒弃了传统文化中与现代社会不相适应的内容,必将更有利于中华文明的进步与传承。

第二节　商务英语中的文化教学

　　随着我国对外开放力度的不断加大并成功加入 WTO，英语学习已从单纯的语言交流走向多元化，对既熟悉国际商务又熟练掌握英语的高级复合型人才的需求也越来越大。本节旨在讨论对商务英语合作项目中文化融合有利的一些原则。首先介绍了文化的三大分类：信息文化、成就文化和行为文化。然后分析了商务英语项目中文化教育的重要性及不同的目标等。最后认为，最能体现语言专业学生的优越性的因素——跨文化商务交流能力可能比专业知识更重要。因此，语言文化教学也必须围绕商务为中心。

　　学习一门外语等同于学习一种新的文化，这是被广泛公认的事实，我们的语言教学必然也包含了文化教学。许多关于文化差异的经典理论、实践指导书籍和课程教材都以跨文化交际能力研究为基础，其中不少涉及了中国的跨文化商务交际。近年来，随着经济全球化和中国加入世界贸易合作组织，中国对同时具备较强英语能力和商务知识的复合型人才的需求大大增加。

　　13 年前，上海对外贸易学院和英国中央兰开夏大学建立了商务英语专业本科层次方面的办学合作。学生在上海对外贸易学院完成前三年的学习并且通过所有考核后，有机会在英国中央兰开夏大学继续他们最后一年的专业学习，并获得英国的大学本科学位。该项目多年来获得了教育界的广泛好评，在社会上有良好的反响，这一切成果都基于项目本身合理的课程设置。

　　商务英语全部课程主要分为三大模块:①语言能力培训课程,比如英语精读、听力、口语、写作和口译等;②语言知识型课程,例如英语国家概况;③专业知识型课程,类似商务英语入门、国际金融、市场营销、管理等。所有课程的设计都充分强调了文化交际能力的培养和对文化差异的敏感性。同时,作为教学执行者,我们面临着一个新的任务——即如何将语言、文化和商务知识同时融合在一个课堂中。这也反映了如今的外语教学的一个市场取向。本节将结合几年来从事英语国家概况这一文化教育课程的一些教学体会来讨论商务英语项目中一些成功融合文化教学的理论。

一、文化的概念分类

　　Trompenaars(1993)认为文化是人们解决问题的方法。文化是针对某一特定社会群体而非其他人的。人们与生活在同一环境中的其他人共享这一文化。Ellis M. & Johnson, C.(2002)提出在商务英语领域,本国文化与他国文化的关系的重要性已经引起越来越多的重视。所以应对文化进行合理的定义分类,才能使文化教育的课程和大纲设计具备可操作性。我们的商务英语项目也需要与其教学目的相吻合的文化定义分类。Hammerly(1982)将文化定义分为三类:信息文化、成就文化和行为文化。信息文化包含一个国家的历史、地理、政治体系、经济发展、风俗习惯等内容。一言以概之,它们是本国语普通使用者所熟悉的事实性的知识。除了上述提到的内容,商务英语项目课程体系中的英语国家概况课还讲述了英语语言国家的一些其他的文化领域的话题,比如福利体制、法律制度、教育体系和家庭社会系统等。通过这个课程的教学,学生能够从世界各国英语使用者的角度来看待美英等国家,以便更容易适应今后在那里的学习和生活。

Hammerly(1982)把成就文化形容为"艺术和文学方面的成就"。上海对外贸易学院的英语国家概况是一个内容型的为期一年的课程,第一学期从语言学的角度研究英语本身这一语言现象。有一些学生不能理解其文化教育的重要性,他们认为这一课程提供的知识和他们将来的学习或工作没有直接联系。他们忘记了一个事实——该课程传授了英语学习者必须掌握的大量信息,而这些信息能帮助他们成功地与英语母语使用者交流。

Hammerly(1982)对行为文化的理解是实际的行为加上态度、价值观等,包括会话规则和人体动作学。这一定义的广泛性使得对行为文化的解释和研究难度增大。会话规则和人体动作学是实际语言交际中最重要的文化因素类型,掌握了它们,学生能够理解跨文化商务交际技巧的性质,从而能够在国际商务环境中运筹帷幄。

二、文化教育的重要性

在如今的商务活动日趋全球化的大形势下,Ridderstråle & Nordström(2000)提供的数据表明,近40年来,国际贸易增长了近15倍,而平均关税则从50%下降到5%。无边界贸易意味着不同国家之间文化的交流是一种必需而不是奢望。显然这种交流包含的不仅仅是语言之间的简单翻译。文化差异决定了我们和他人交往的手段、交谈的话题、说话的方式和其他所有人际交往中的行为,例如空间感的运用和肢体语言等。Morden(1995)建议所有参与国际交往活动的人都应当了解文化差异。他还特别强调文化差异能起到的重要作用——成功地将产品打入新市场和新国家、国际人力资源发展项目的良好运作、团队成功所依赖的合适的技巧和能力等等。

三、教学动机、教学目标和教学目的

Chen(2000)认为教学动机是教学行为所要努力争取的方向,它是总体意义上获得的成就。Nunan & Lamb(1996)指出教学动机为课程的发展提供了路标。在Widdowson(1983)眼中的教学目标是"课程完成时的教学所要达到的效果",而目的是"某一特定课程进行过程中的每一个教学意图"。教学目标和目的都应服从于教学动机,教学目标比教学动机具体但不如目的直接。教学目的详细指明了每一个教学行为的意图,以及时弥补教学中的不足,或认识到新的教学需求。Chen(2000)如此表述教学目标与教学目的之间的关系:教学目标与教学目的都很重要,因为若没有教学目标的总体指引,教师很容易迷失在满足一系列短期教学目的的教学实践中。

在上海对外贸易学院的项目的文化教育方面,很好地贯彻了"教学动机是总体的,教学目标是长期的,教学目的是短期的"这一宗旨。该项目的教学动机是培养学生良好的英语交流技巧,掌握专门的商务知识和技巧。文化教育课程的教学目标是帮助学生养成对文化差异的敏感和容忍,使之能够灵活地应变这些差异。为了达到这一教学目标,上海对外贸易学院精心设计了其教学目的。每一个教学目的必须对学习效果、学习环境和评估标准进行完整的规划。

四、文化教学、语言教学和
商务知识教学间的融合

在商务型语言专业课程设置中,如何把文化语言教学与商务知识教学结合在一起显得非常关键。以商务英语专业中英合作项目为例,商务教学动机和其他常规的商务课程有所不同。对学生而言,跨文化的商务交际能力和商务专业知识一样重要甚至更加重要,因为这是他们相比其他非语言商务类专业学生的优势所在。同时,该项目的文化教学目的中必须以商务内容为核心。

文化融合是近年来国内的文化教育论坛中经常提到的文化语言教学策略。有很多专题是关于文化融合的重要性和文化融合的方式的,例如系统性的介绍,某些语言点的解释,所学语言国家的文化与母语国家文化的比较等。笔者认为文化教学的目标是提高学习者的文化综合能力,从而达到成功进行跨文化交际目的。在该项目中哪一种文化能力是最重要的呢? 作为商务专业方向,中国文化环境下的跨文化商务交际能力是需要强调的学习重点。这意味着学习者必须熟悉他们自身的文化,即中国的文化,更确切地说,是中国的商务文化。

具备了这种跨文化商务交际能力的学习者能够更好适应商务环境,对文化的误解和歧视做出正确的反应,能够控制商务交往的局面。他们还具有一种文化灵活适应性——一种在异国文化环境下或二元文化环境下能完全地意识到文化的差异性,从而与他人成功进行交流、调停、应对的能力。这正是在教学中一直强调文化的比较研究和商务交际中的二元文化的原因。

为了培养既擅长外语又精通商务知识的复合型人才,上述中英合作项目在教学中努力将语言教学与商务培训结合在一起。熟练的外语使学习者具有容易适应外国文化的优势,商务专业实用知识使他们能快速上手商业事务。为了实现这个目标,除了纯语言课程以外,项目的课程大纲中还设计了两类课程:①商务方向的语言类学习课程例如学习与交际能力、英国国家概况、商务写作等等;②商务专业课程例如市场营销、国际商务、国际金融等。

(1) 商务方向的语言类学习课程

除了大纲中对大学英语阅读和写作的要求,项目为商务英语学习者还设定了不同难度的不同类型和风格的商务英语阅读和写作目标。英语国家概况课程中较多地运用了比较研究方法，这将帮助学习者培养在商务交际二元文化环境下的文化灵活适应性。

（2）商务专业课程

项目中商务专业课程的选择是由商务活动中所涉及的知识结构决定的。商务专业知识对商务英语专业学习者而言仅仅是语言知识和技巧的补充；商务英语专业学习者相对于其他商务专业学习者的优势是他们的语言能力和文化交际能力。因此，项目中的商务专业课程应当为学习者提供市场营销、管理、广告、谈判等商业活动方面具有文化针对性的知识和案例分析。

总的来说，为了要实现项目的教学动机，项目合理地设计了课程大纲中文化教学的目标和目的。该项目拥有专业强，通晓文化差异的中外师资，他们都将竭尽所能地在教学中贯彻语言、文化和商务"三合一"的原则。

第六章

教师发展

第一节　商务英语师资现状
与发展方向

专业教师在知识结构和教学方式两方面的素质对商务人才的培养举足轻重。人才培养师资先行。教师是高等学校最大的资本和资源，人才培养、知识传递、知识创造、科技创新无一不是由教师来完成的。优秀的师资队伍是实现人才培养的最强有力的保证。目前，我国高等院校的商务英语专业教学出现瓶颈，其主要原因是专业师资状况难以满足商务英语教学的需要（王军等，2009）。因此，如何建设一支素质优良、结构合理、一专多能、专兼结合的教师队伍是高等院校商务英语专业亟待解决的一个难题。

本节将首先分析商务英语师资的现状，依据商务英语专业的建设要求总结未来师资培养的发展方向，同时提倡教师将教学与科研联系起来，通过行动研究不断提高自身业务能力，促进商务英语专业人才培养质量提升。

一、商务英语师资现状

由于商务英语在国内发展时间较短，专业人才较少。从全国来看，拥有较雄厚的商务英语师资力量的财经院校和外贸院校数量少，而普通本科院校外语系（学院）从事商务英语专业教学的教师约有 80% 毕业于非商务英语专业,仅有少数是近年来经过商务英语专业培养的拥有高学历的教师(李九革,2008)。现阶段从事商务英语专业教学的教师主要有两类,这两种类型的教师都有各自的优点,但也存在明显的缺陷:①普通英语专业教师直接进行商务英语教学,这类教师具有扎实的语言基本功和娴熟的语言教学技巧,但大部分教师因欠缺商务背景,没有经过系统的商务专业知识培训,没有企业工作经验和行业背景知识,缺少在社会生产实践工作岗位应用外语的经验,很难胜任商务英语教学工作的需要。这是因为商务话语中存在许多的隐形知识,不懂商务(学科知识、行业管理和程序等),教师可能就会对商务话语中商务知识起作用的过程缺乏敏感,不能真正启发学生从完成商务活动的角度考虑问题(王军等,2009);②从企业或行业引进的有从业经验的经济类专业人才进行商务英语教学。这些人商务实践经验丰富,专业理论基础雄厚,了解企业的运作模式,与企业关系密切,是实践教学的中坚力量,但他们教学理论和科研经验欠缺,教学方法和技巧略显单一。这些教师在教学中都难以将专业知识的讲授与学生听、说、读、写、译等语言技能的培养有机地结合起来(李蓉,2012),需要加强教育理论学习和实践。

总之,现阶段的商务英语教师由于学习或工作经历造成了专业局限,英语出色、专业知识扎实,又具有从业经历的教师极少;理论教师偏多,实践和实训指导老师不足;高学历高职称的教师偏少,缺乏理论和教学经验的青年师资数量较多,师资尚未形成良好的梯队。因此,商务英语专业发展中建设高素质师资队伍的必要性和紧迫性不言而喻。

二、商务英语师资的复合型要求

商务英语的复合型特点决定了商务英语的师资也必须是复合型的,在师资培养方面各学者都不约而同地提出了"双师"型的教师培养方向,即必须具备深厚的语言修养和系统的商务知识,这一培养方向已经得到肯定。作为一名商务英语的教师,要想培养出国家经济建设所需的人才,自己首先要复合。因此,商务英语的教师不仅要精通英语听、说、读、写、译,还要具备扎实的商务知识以及跨文化交际能力。知识是教学的内容之一,直接影响教学的质量;而能力却决定教学的方法、影响教学的效果。因此,从事商务英语教学的教师应具备以下四个方面的能力和素质。

1. 教学能力

教师的本职工作就是传授知识。教学能力的高低直接关系教学质量。商务英语教师应当有扎实的英语功底、商务专业理论基础和一定的行业背景知识,能运用现代教学技术进行教学,具备系统的教学设计能力、较好的教学管理能力和监控能力,善于调动学生的学习热情,善于协调师生关系(原庆荣,2009)。根据高职商务英语专业课程特点,从实用性、交际性出发,针对不同课型,采用多元与多样化的教学模式,注重启发式教学,倡导探究式学习方式,把行动导向法融入课堂教学之中,激发学生的学习兴趣和创新思维,挖掘其内在潜力,锻炼他们分析与解决问题的能力,培养他们独立思考、积极探索、善于合作的能力。

2. 专业知识素养

商务英语教师的专业知识素质包括学科基础知识和学科专业知识。作为英语教师,商务英语教师的学科基础知识首先体现在其英语语言的掌握中。语言是人类交际的工具,也是人类思维的工具和人类文化的重要载体。而学科专业知识则指商务英语教师的商务知识(如贸易知识、金融知识、财务知识、会计知识、法律知识、管理知识、营销知识等)和社会实践等(江春等,2012)。

3. 实践指导能力

在实践指导层面,商务英语的培养目标要求教师具有全面的综合素质,教师既能从事理论教学,又能胜任与专业相关的实习、就业的组织与指导工作,还可指导学生参加相关行业或技能的职业资格证书考试等。教师要具有丰富的行业背景知识和一定的专业实践经验,能用英语向学生介绍和讲授相关行业的产品信息、营销策略、社交礼仪、谈判技巧等商务知识,指导学生的实践活动。

4. 科研和教改能力

在教改科研层面,教师要以培养学生职业技能为主线积极构建有特色的商务英语课程体系和教学内容;需主动探索教育教学规律、进行教学改革;要有较高的专业学术水平和科研能力。

三、商务英语师资队伍建设的有效途径

根据商务英语教师应有的素质,高校培养复合型师资的途径有以下十种:

(1) 专业知识培训

高校可以通过选派教师参加由国内外权威院校举办的商务英语教师师资培训班培养复合型教师,鼓励教师进行在职进修学习商务类课程;或者请社会上水平较高的商务从业人员和商务理论知识扎实、商务操作技能良好、工作经验丰富的教师对没有商务知识的教师进行集中培训,使之掌握商务基础知识和基本操作技能。

(2) 专业资格证

鼓励教师考取商务相关证书以具备"双师型"教师的资格,如参加剑桥商务英语证书考试等。

（3）学历教育

高校还可以以一些优惠政策鼓励青年教师攻读在职或脱产的商务英语专业硕士以上学位。

（4）国外引进师资

通过聘用高素质的兼职商务专业外籍教师,充实师资队伍;引进的外籍教师可以是英语母语国家的人,也可以是在境外受过高等教育的人,但均应有商务背景经历,以建立结构合理、灵活有效的外籍商务英语教师队伍。

（5）语言培训

专业教师进行海外短期语言提高培训。

（6）中外合作办学

通过与国外大学合办国际商务英语专业,提高商务英语教学与科研水平,进一步优化课程设置,教学组织,师资结构等。上海对外经贸大学与英国中央兰开夏大学合作的商务英语本科双学位项目就是一个很好的例子。

（7）实践培训

组织专业课教师到企业进行专业实践或兼职,例如有计划分批安排教授商务英语课程的教师到具有涉外商务活动的进出口公司、外资企业、海关等单位学习和兼职,丰富教师的商务知识,提高他们的商务操作技能。

（8）带教活动

为提高青年教师的教育教学能力,新老教师可以结对,以老带新,同时也增强了商务英语教师的团队意识和合作精神。

（9）培养商务英语学科研究领军人物

培养德才兼备、学术和技能水平双优、组织管理能力强的学科带头人,此类人才应广泛参加学术交流,了解本专业发展动态,能组织、带动其他教师进行专业建设,共同提高教学水平、科研水平和实践能力。

（10）兼职教师

从涉外企事业单位或相关院校聘请既有丰富实践经验又有丰富专业知识的专家、学者等高级专门人才为兼职教师，并聘用有实践经验的外贸公司人员担任商务英语教学实践环节的教师。

建设一支能够胜任语言教学、专业理论教学和专业技能教学的高质量师资队伍，才能实现商务英语的教学目的，从而使语言类专业学生的就业能力得到显著提高。

第二节　倡导行动研究

行动研究最早是由美国的 Coller 和 Lewin 提出来的一种应用于社会科学的研究模式。20 世纪 50 年代,美国哥伦比亚大学教育学院的 Corey 等人首先提倡用行动研究来解决教学中的问题,他们鼓励教师和学校管理者运用行动研究的方式来改进他们的管理和教学,并称之为"教育行动研究"。此后,教育行动研究运动蓬勃发展起来。

行动研究是教师自己的研究,但它与教师的日常行动有着重要区别。张培(2012)指出,行动研究中的行动元素主要指通过行动去干预某种问题、困惑或疑问;行动研究中的研究元素要求这种干预必须通过系统的数据采集、分析和解释来进行。因此,行动研究的起点应当是教学中的实际问题。

一、行动研究的内涵

行动研究又称为实践研究或行为研究,起源于美国,由 Coller 创造,社会心理学家 Lewin 进一步发展了其概念(陈向明,2000)[448],提出"为行动而研究,由行动者研究,在行动中研究"是行动研究的基本特征。广义的行动研究是实践者实施的用于改进自我实践的一种系统性的科学探究活动。对于教育行动研究而言,往往是指教师对自己课堂中的教学现象进行考察和研究并从中获取知识、改进教学质量的探索性活动。许多专家对行动研究进行了不同定义。Kemmis & Mc Taggart(1982)[5]认为行动研究是一种自我反思方式,社会工作者和教育工作者可通过反思来提高对自身所从事的社会或教育事业的理性认识和评价,对自身的工作过程和工作环境作出理性认识和正确评价。Elliot(1991)[69]将行动研究定义为对社会情景的研究,是以改善社会情境中行动质量的角度来进行研究的一种研究取向。Nunan(1990)[63]概括了教学行动研究的基本要点,即行动和研究两者相结合,在实践中探讨新观点和新方法,提高对教学大纲、教学和学习过程的理解和认识,其结果是改进教学质量。教育行动研究在中国教育实践领域和教育理论界也日渐受到青睐,"主要是因为其在一定程度上解决了教育理论脱离教育实践的问题,并被当成教师专业化发展、推动课程改革的一种有效途径"(卢立涛等,2012)。S校的大学英语听力改革项目的预期目标是提高大学英语听力教学质量,其研究计划也符合 Kemmis & Mc Taggart(1988)所归纳的行动研究的三大特点:①由教学第一线教师参与;②具有合作的性质;③探究的目的是为解决教学中存在的问题,改变现状。因此项目组确定采用行动研究作为提高听力教学效果和教师专业研究素养的方法。

二、基于循环理论的行动研究模式

H. Altrichter(1997)强调行动研究过程中的"反思理性"(Schon,1983),并提出了行动与反思的循环理论(见图 6-1)。Lewin(1946)认为行动研究过程是自我反思的螺旋式渐进循环模型,行动研究是一个不断反复循环的过程,通过最初的研究使某些问题得到了解决,之后针对出现的新问题再进行深入研究最终使研究呈反复循环的螺旋上升趋势。Ramos(2006)评价行动研究是循环且具有启发性的,是持续不断地探究与行动整体进化的过程。国内的研究者也赞同将行动研究的过程视作一个不断循环螺旋上升的过程(陈陆建,2012)。McDonough J.& McDonough S.(1997)则将其发展为七个步骤:初步计划→发现事实→制定行动方案→实施→监控→修改→改进的新方案。国内学者施良方(1996)提出了简化的五步骤循环模式:计划→行动→观察→反思→计划。因此,在教学中实施行动研究可以在实践中不断循环地解决教学中出现的新问题,其优势在于可以及时反馈学生信息并适时调整教学计划。例如,孔凡哲等(2012)在"学校改进 UASE 项目"中采用的行动研究基本流程是:学校问题诊断→学校改进策略拟定→实践尝试→问题再诊断→改进方案常态化(→转入下一个系列问题的诊断及其解决)。

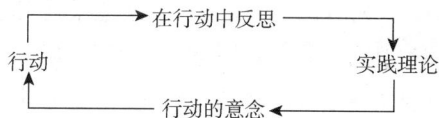

图 6 - 1　行动与反思的循环

三、行动研究的原则

行动研究具有以下四个原则:

(1) 反思原则

在行动研究中,并不要求教师采用严密与客观的实验方法进行研究,而强调教师不断从经验中学习,提高运用理论解决实际问题的能力。在这一过程中,反思是提高学习效率,改进行动质量的重要条件。

（2）合作原则

在行动研究中,对教育教学中存在问题的确定,优选理论,制定操作的整体框架,对行动策略的运用与反思等环节都要求各方的参与。教师之间的合作研究、共同反思、扬长补短,能有效克服研究中与实际脱节的现象。

（3）动态原则

行动研究中各个环节间的信息反馈必须随时、准确,这样教师才能及时反思、修正行动研究的诊断方案,开始下一轮行动研究计划的循环执行。

（4）实践原则

行动研究提倡在教学实践中发现问题、研究问题、解决问题,要以改进实践、改进对实践的认识和改进实践发生、发展、变换了的情境、环境为研究的出发点和归宿。提倡依据教学大纲及现行课本、课题不与课堂脱节的研究模式。研究课题要经过实践教学检验。在行动研究中,应重视处理理论与实践,研究与行动之间的关系。理论和实践紧密结合,并相互转化,由此推进行动研究向纵深方向发展。

四、 行动研究对商务英语教师职业发展的作用

有关教师培养的理念主要经历了三个发展阶段:教师培训（teacher training）、教师教育（teacher education）及教师发展（teacher development）,即从教师岗前教学技能培训、教师教学理论教育到教师自身职业发展（刘颖,2010）。教师的自身职业发展可以通过个体行为或群体行为实现。商务英语专业教师充分利用群体资源或自身资源,进行反思与行动研究正是自身职业发展的核心及有效途径。

　　行动研究是沟通理论与实践的桥梁,是解决教育领域理论研究与实践相脱离的最佳办法。在商务英语教学中进行行动研究的尝试能够帮助教师更好地了解教与学,系统地发现并解决教学中存在的问题,使教学活动更具有针对性与实效性。商务英语属于 ESP 课程,是任务型为主导的课堂,因此教师进行行动研究有更多的空间和素材(王关富,2006)。在现有的商务英语教师的行动研究中,我们发现商务英语教学过程中遇到的难题、教师感兴趣的教学及实践问题、学生与教师看法不一致的问题、理论和实践情况不一致的问题等,都可成为行动研究的课题(马珂,2012;苏张华,2012;丁开君,2012;付文宇,2009;龙翠蓉,2008;王文良,2007)。在这些行动研究中,教师通过做课堂日志、课堂录音、录像、访谈、问卷、课堂观摩等方式进行行动研究,撰写研究报告,让自己成为一个教师研究者、实践者和检验者,自己发现、分析、解决问题,确定改进的操作方案并加以实施,通过观察、反思和总结形成新理论,指导今后的实践。这个过程是不断循环加深的。因此,行动研究将大大改进教师的教育教学的能力。

　　在行动研究的过程中,教师通过不断的自我评价、自我反思实现教学上的修正和自我的发展,唤起自身的科研意识,并以此来推动商务英语学科建设的进步。开展行动研究能够增强其专业自信,体验到教学和科研相结合所带来的成果愉悦。因此,行动研究是大学商务英语教师自我发展的核心动力,行动研究对开展教学改革,提高教学质量,促进商务英语教师专业发展起着不可低估的作用。

参 考 文 献

第一章　特色办学：

胡璋剑.应用型人才培养新论[M].北京:中国社会科学出版社,2009.

黄志广.中国九所著名高校办学特色析评[J].教育与现代化,2006(3).

李立国.高教论衡:推进高校特色办学更需合理竞争[N].中国教育报,2009 - 03 - 03(9).

刘艳萍,刘健.本科人才培养模式:问题与对策[J].高教论坛,2009(9).

彭建平.论新建地方本科院校办学特色的创建[J].经济与社会发展,2005(3).

王从严,杨道兵.略论高等学校办学特色[J].华中农业大学学报(社会科学版),2004(1).

王荣党,黄山.办学特色——营造高校核心竞争力的新视点[J].云南财贸学院学报,2003(3).

翁凤翔.论商务英语学科的基本问题及其逻辑起点[M]//叶兴国.新形势下的商务英语教学与研究.上海:上海外语教育出版社,2008:21 - 29.

杨晓霞,刘晖.高校办学特色研究综述[J].教育管理,2009(1).

袁小鹏,李金奇.地方高校发展战略误区及其矫正[J].咸宁师专学报,2002(1).

曾利沙.本科商务英语专业以何为"专"[J].广东外语外贸大学学报,2010(4).

中国高教育学会.中国高等教育启思录:百所地方本科院校办学理念与特色研究[M].北京:北京理工大学出版社,2009.

ALLEN L. An evaluation of the University of Missouri-Rolla minority engineering program[R].7-week Summer Bridge Program,2001.

POULTER L N. A case study of organizational learning and transitions in higher education: Ricks College becomes Brigham Young University-Idaho[D]. University of Idaho,2007.

第二章 课程设置:

曹东云.高效双语教学存在的问题与对策研究:ISD 视野—以江西师范大学为研究个案[D].南昌:江西师范大学,2005.

龚少英.双语教学与儿童认知发展关系述评[J].中国教学学刊,2006(4).

胡槐玲.双语与智力关系研究述评[J].外语教学与研究,1999(3).

李蓉.商务英语专业复合型本科人才培养的探讨[J].湖北函授大学学报,2012(9).

王斌华.从国际比较中思考定位[J].上海教育科研,2004(4).

王毓.大学双语课程的理论与实践研究——以仰恩大学为例[D].厦门:厦门大学,2006.

王朝辉,史仪凯.我国高校双语教学质量评估指标体系构建研究[J].北京大学学报(哲学社会科学版),2007(S2).

杨静.化学双语教学设计的理论研究与实践探索[D].南京:南京师范大学,2003.

杨四耕.怎样的双语教学最有效[J].上海教育科研,2004(4).

于峰.大学物理力学课程双语教学的实践研究[D].北京:首都师范大学,2004.

袁平华,俞理明.加拿大双语教育与中国双语教学的可比性[J].中国大学教学,2005(11).

周瓦.美国双语教育发展历程探析[J].教育研究与实验,2005(2).

DUDLEY-EVANS T, JOHN M J. Developments in ESP [M]. Cambridge: CambridgeUniversity Press,1988.

GRAVES K. Teachers as course developers [M]. New York: Cambridge University Press,1996.

GRAVES K.Designing language courses-a guide for teachers [M].Beijing:

Foreign Language Teaching and Research Press,2004.

HANSEN R E.Five principles for guiding curriculum development practice：the case of technological teacher education[J].Journal of Industrial Teacher Education, 1995,32(2):30-50.

HUTCHINSON T, WATERS A. English for specific purposes：a learning-centred approach[M].Cambridge University Press,1987.

RICHARDS J C. Curriculum development in language teaching[M]. Cambridge University Press,2001.

TYLER R W. Principles of curriculum and instruction[M]. Chicago：University of Chicago press,1949.

WHEELER D. Curriculum process[M]. London：University of London Press,1967.

WHITE R V.The ELT curriculum：design,innovation and management[M]. Basil Blackwell,1988.

第三章　课程标准：

陈准民,王立非.解读《高等学校商务英语专业本科教学要求》(试行)[J].中国外语,2009(4).

高等学校外语专业教学指导委员会英语组.高等学校英语专业英语教学大纲[M].上海：外语教学与研究出版社,2000.

韩艳梅.大陆《语文课程标准》与台湾《语文课程纲要》之比较研究[J].教育科学,2003(3).

黄显华,霍秉坤.寻找课程论和教科书设计的理论基础[M].增订版.北京：人民教育出版社,2005.

黄政杰.课程定义及其改革意涵[M].台北：汉文书店,1999.

龙世佳.关于新课程改革与创新的几个问题[J].教育探索,2005(11).

肖云南,戴曼纯.二语习得研究成果在课堂教学中的应用问题[J].外语界,2004(3).

中华人民共和国教育部.全日制义务教育普通高级中学英语课程标准[M].北京：北京师范大学出版社,2001.

中华人民共和国教育部.普通高中英语课程标准(实验)[M].北京:人民教育出版社,2003.

中华人民共和国教育部.大学英语课程教学要求[M].北京:清华大学出版社,2007.

周平,张吉生.论二语习得研究与外语教学的互动关系[J].外语与外语教学,2003(2).

BICKERTON D.Roots of language[M].Karoma: Ann Arbor Mich,1981.

BICKERTON D. The language bioprogram hypothesis and second language acquisition[M].Amsterdam: Benjamins,1984.

BIGGS J. Assessment and classroom learning: a role for summative assessment? [J].Assessment in education: principles,policy & practice,1998,5(1):103-110.

CHOMSKY N. Aspects of the theory of syntax [M]. Cambridge MA: MIT Press,1965.

EISNER E W. The art of educational evaluation: a personal view [M]. London: Falmer Press1985.

ELLIS R. Understanding second language acquisition [M]. Oxford: Oxford University Press,1985.

ELLIS R.The study of second language acquisition[M].New York: Oxford University Press,1994.

FELIX S. More evidence on competing cognitive systems [J]. Second Language Research,1985(1):47-72.

HAWKINS R.The nativist perspective on second language acquisition [J]. Lingua,2008,118(4):465-477.

HYMES D. On communicative competence[M].Harmondsworth: Penguin, 1972:269-293.

JOHNSON M. A philosophy of second language acquisition [M]. Yale University Press,2004.

KRASHEN S, SELIGER H. The role of formal and informal linguistic environments in adult second language learning[J]. International Journal of Psycholinguistics,1976(3):15-21.

KRASHEN S.The input hypothesis: issues and implications[M].Longman: London,1985.

LARSEN-FREEMAN D, LONG M H. An introduction to second language acquisition research [M].London: Longman,1991.

LARSEN-FREEMAN D.Second language acquisition research: staking out the territory[J].TESOL Quarterly,1991,25(2):315-350.

LITTLEWOOD W. Communicative language teaching: an introduction [M]. Cambridge: CUP,1981.

LONG H M. Input, interaction and second language acquisition [M]. New York: New York Academy of Sciences,1981.

MCLAUGHLIN B.Theories of second language learning[M].London: Edward Arnold,1987.

MEISEL J, CLAHSEN H, PIENEMANN M. On determining developmental stages in natural second language acquisition [J]. Studies in Second Language Acquisition,1981,3(1):35-109.

NUNAN D.Syllabus design[M].Oxford Press,1988.

PICA T.Research on negotiation: what does it reveal about second language acquisition? Conditions, processes, and outcomes [J]. Language Learning, 1994 (44):493-527.

SCHUMANN J H.The acculturation model for second language acquisition and foreign language teaching[M].Arlington.VA: Center for Applied Linguistics,1978.

SCHUMANN J H.Research on the acculturation model for second language acquisition [J]. Journal of Multilingual and Multicultural Development, 1978, 7 (5):379-392.

SELINKER L.Interlanguage [J]. International review of applied linguistics, 1972(10):31-209.

STERN H H.Fundamental concepts of language teaching[M].Oxford: Oxford University Press,1983.

The Curriculum Development Council(CDC).English language education key learning area curriculum guide (Primary 1-Secondary 3) [M]. Hong Kong: The

Curriculum Development Council,2002.

TYLER R W. Principles of curriculum and instruction [M]. Chicago: University of Chicago press,1949.

第四章　教学设计:

蔡元培.蔡元培全集(第三卷)[M].杭州:浙江教育出版社,1997.

高凌飚,黄韶斌.教学中的非正式评价[J].学科教育,2004(2).

广州市教育局教研室.发展性教学评价的原理与方法[M].广州:广州市教育局教研室,2003.

李洁,吕传红,黄跃华,等.基于新教学模式学生自主学习能力与教学效果实证研究[J].外语界,2006(增刊):48－55.

陆根书,林毓锜.论自主性和学生自主学习[J].高等工程教育研究,1990(1).

毛新耀,吴丽.试论新课程中学生发展性评价[J].山西教育,2004(17).

庞维国.自主学习理论的新进展[J].华东师范大学学报(教育科学版),1999(3).

庞维国.自主学习—学与教的原理和策略[M].上海:华东师范大学出版社,2003.

陶行知.陶行知全集(第4卷)[M].四川:四川教育出版社,1991.

王艳艳.英语课程中发展性学生学业评价的研究模式[J].中小学英语教学与研究,2011(5).

谢先庆,徐涛.新课程课堂教学发展性评价研究[J].中国教育导刊,2004(8).

徐龙念.论自主学习能力培养在英语教学中的作用[J].读与写,2008(5).

姚莲彩.实施发展性评价促进学生健康成长[J].河南教育,2004(12).

钟启泉.《基础教育课程改革纲要(试行)》解读[M].上海:华东师范大学出版社,2002.

周卫勇.走向发展性课程评价(谈新课程的评价改革)[M].北京:北京大学出版社,2002.

ARTHUR H. Testing for language teachers [M]. Cambridge University

Press,1989.

BACHMAN L. Some reflections on task-based language performance assessment[J].Language Testing,2002(19):453 – 476.

BENSON P, VOLLER P. Autonomy and independence in language learning [M].London: Longman,1997.

BREEN M P. Understanding the language teacher [M]. Clevedon: Multilinguial Matters,1991:213 – 233.

CALDERHEAD J.Teachers: beliefs and knowledge[M].New York: Simon & Schuster Macmillan,1996:709 – 725.

Diane Hart. 1994. Authentic assessment: a handbook for educators [M]. Pearson Education, Inc.

DUNKIN M J, BIDDLE B J.The study of teaching[M].New York: Holt, Rinehart & Winston,1974.

ELLIS R. SLA research and language teaching [M]. New York: Oxford University Press,2008.

GOLLNICK D.Is performance assessment for real? [J].NCATE Reporter, 1997,5(1):4.

GYSEN S, AVERMAET P V. Issues in functional language performance assessment: case of the certificate dutch as a foreign language [J]. Language Assessment Quarterly,2005,2(1):51 – 68.

HALLIDAY M A K,MCINTOSH A, STREVENS P.The linguistic sciences and language teaching[M].London: Longman,1964.

HERMAN J L, ASCHBACHER P C, WINTERS L. A practical guide to alternative assessment [M]. Alexandra, VA: Association for Supervision and Curriculum Development,1992.

HUGHES B. Using performance assessments in traditional physics classes [EB/OL].[2009 – 06 – 01]. http://www. nefstem. org/project/final _ reports/ Hughes.pdf.

RICHARDS J C, RODGERS T S. Approaches and methods in language teaching [M].Cambridge University Press,1996.

KRASHEN S D,SELIGER H.The essential contribution of formal instruction in adult second language learning[J].TESOL Quarterly,1975(9):83 – 173.

KRASHEN S,TERRELL T.The natural approach:language acquisition in the classroom[M].Oxford:Pergamon,1983.

KRASHEN S. The fundamental pedagogical principle in second language teaching[J].Study Linguistics,1981(35):50 – 70.

Kumar A, White L, Helgeson S L. Effect of HyperCard and traditional performance assessment methods on expert-novice chemistry problem solving[M] //Paper presented at the annual meeting of the national association for research in science teaching.Atlanta, GA,1993:15 – 19.

LADO R.Language teaching: a scientific approach[M].New York: Mc Graw-Hill,1964.

LARSEN-FREEMAN D.Second language acquisition research: staking out the territory [J]. TESOL Quarterly,1991,25(2):315 – 350.

LEE C K,SZE P,CHUN K W.Hong Kong primary English teachers' selection of course books[J].Journal of Basic Education,2001,11(1):47 – 72.

LIAO Y F. Issues of validity and reliability in second language performance assessment[J].Working Papers in TESOL & Applied Linguistics,2004,4(2).

LIGHTBOWN P M.Great expectations: second language acquisition research and classroom teaching[J].Applied Linguistics,1985,6(2):173 – 189.

LIGHTBOWN P M,SPADA N.How languages are learned[M].Oxford:Oxford University Press,1999.

MANGANO N, ALLEN J. Teachers' beliefs about language arts and their effects on students' beliefs and instruction [C]. Rochester: National Reading Conference,1986.

MCNAMARA T F. Measuring second language performance [M]. London: Longman Mehrens,1996.

MCNAMARA T F.'Interaction' in second language performance assessment: whose performance? [J].Applied Linguistics,1997,18(4):446 – 466.

NESPOR J. The role of beliefs in the practice of teaching [J]. Journal of

Curriculum Studies,1987,19(4):317－328.

NUNAN D.Designing tasks for the communicative classroom[M].Cambridge University Press,1989.

RAMSDEN P. Learning to teach in higher education [M]. London: Routledge,1992.

RICHARDSON V, ANDERS P, TIDWELL D, et al. 1991. The relationship between teachers' beliefs and practices in reading comprehension instruction[J]. American Educational Research Journal,1991,28(3):86－559.

RODRIGUEZ C M.The role of classroom assessment in student performance on TIMSS [J].Applied Measurement in Education,2004,17(1):1－24.

RUPLEY W H,LOGAN J W.Elementary teachers' beliefs about reading and knowledge of reading content: relationships to decisions about reading outcomes [M].ERIC document reproduction service No.ED 285162,1984.

RUSSELL J, SPADA N. The effectiveness of corrective feedback for the acquisition of L2 grammar: a meta-analysis of the research[M].Amsterdam: John Benjamins Publishing,2006:133－164.

SHEPARD L A.The role of classroom assessment in teaching and learning [M].Washington,D.C.: American Educational Research Association,2001.

SPOLSKY B. Conditions for second language learning: introduction to a general theory[M].Oxford: Oxford University Press,1989.

STENMARK J P.Mathematics assessment: myths, models, good questions, and practical suggestions[M].NCTM,1991.

STERN H H. Fundamental concepts of language teaching [M]. Oxford University Press,1983.

STIGGINS R.Student-centered classroom assessment[M].Englewood Cliffs, NJ: Merrill/Prentice Hall,1994.

TRUSCOTT J.What's wrong with oral grammar correction? [J].The Canadian Modern Language Review,1999,55(4):437－456.

WALVOORD F B,ANDERSON J V.Effective grading: a tool for learning and assessment[M].Jossey-Bass Publishers,1998.

WILLIAMS M, BURDEN R L. Psychology for language teachers [M]. Cambridge：Cambridge University Press,1997.

WOODS D. Teacher cognition in language teaching [M]. Cambridge：Cambridge University Press,1996.

ZIMMERMAN B J. Dimension of academic self-regulation [C]. Lawrence Erlbaum Association,1994.

ZIMMERMAN B J, RISEMBERG R. Self-regulated dimension of academic learning and motivation[M].Academic Press,1997.

第五章　文化教学：

董霄云.文化视野下的双语教育:实践、争鸣与探索[M].上海:上海教育出版社,2008.

汪榕培.中国英语是客观存在[J].解放军外国语学院学报,1991(1).

文秋芳,俞希.英语的国际化与本土化[J].国外外语教学,2003(3).

BRUTT-GRIFIER J. English：a study of its development [M]. Clevedon：Multilingual Matters LTD,2002.

BRYSON B.Mother tongue：the English language[M].Penguin Books,1990.

CANAGARAJAH A S. Resisting linguistic imperialism in English teaching [M].Oxford University Press,1999.

CHEN J L. Modern English teaching [M]. Shanghai：Shanghai Foreign Language Education Press,2000.

CRYSTAL D. English as a global language [M]. Cambridge：Cambridge University Press,1997.

HONNA N.English as an international language and Japan's English language teaching[J].Foreign Language Teaching and Research,2001(33):340-347.

ELLIS M,JOHNSON C.Teaching business English[M].Shanghai:Shanghai Foreign Language Education Press,2002.

HAMMERLY H. Synthesis in second language teaching [M]. Blaine, Washington：Second Language Publications,1982.

HOLBORROW M.Review linguistic imperialism[J].ELT Journal,1993,47

(4):358-360.

HOLLIDAY A.Appropriate methodology and social context[M].Cambridge: Cambridge University Press,1994.

JENKINS J. The phonology of English as an international language [M]. Oxford:Oxford University Press,2000.

MORDEN T.International culture and management[J].Management Decision, 1995,33(2).

MORRISON K, LUI I. Ideology, linguistic capital and the medium of instruction in Hong Kong [J]. Journal of Multilingual and Multicultural Development,2003,21(6):471-486.

NUNAN D,LAMB C.The self-directed teacher: managing the learning process [M].Cambridge: Cambridge University Press,1996.

PENNYEOOK A.The cultural politics of English as an international language [M].London:Longman Group Limited,1994.

PHILIPSON R. Linguistic imperialism [M]. Oxford: Oxford University Press,1992.

RIDDERSTRALE J, NORDSTROM K.Funky business[M].Madrid,Prentice Hall,2000.

RIEENTO T. An introduction to language policy:theory and method[M]. Oxford:Blackwell Publishing,2006.

TROMPENAARS F. Riding the waves of culture [M]. London: Nicholas Brealey Publishing Ltd,1993.

WIDDOWSON H G.Learning purpose and language use[M].Oxford: Oxford University Press,1993.

第六章　教师发展:

陈陆建.大学英语教师行动研究现状分析[J].广西民族大学学报,2012(1).

陈向明.质的研究方法与社会科学研究[M].北京:教育科学出版社,2001.

丁开君.教学行动研究在高职商务英语听说课程中的应用[J].吉林广播电视大学学报,2012(7).

付文宇.行动研究:剑桥商务英语教学中的任务设计[J].科技信息,2009(20).

江春,丁崇文,杨娟,等.关于商务英语教师素质的调查报告[C].西安:第十届全国国际商务英语研讨会论文集,2012.

孔凡哲,张新慧,梁红梅.问诊学校发展的焦点:解决常态问题的行动研究[J].东北师大学报(哲学社会科学版),2012(3).

马珂.教学行动研究:基于快乐教育的大学商务英语教学情境创设[J].考试周刊,2012(68).

李九革.本科院校商务英语专业建设研究[J].洛阳理工学院学报(社会科学版),2008(12).

李蓉.商务英语专业复合型本科人才培养的探讨[J],湖北函授大学学报,2012(9).

刘颖.商务英语学科建设中的教师职业发展[J].哈尔滨商业大学学报(社科版),2010(4).

龙翠蓉.基于网络资源利用的中职英语专题学习[J].中国校外教育,2008(6).

卢立涛,井祥贵.教育行动研究在中国:审视与反思[J].教育学报,2012(1).

苏张华.小组互评对高职商务英语学生口语学习的推进作用——行动研究案例设计[J].科技信息,2012年(14).

王关富.商务英语发展轨迹与未来发展思考[M]//第七届全国国际商务英语研讨会论文集.北京:对外经济贸易大学出版社,2006:45.

王军,侯天皓.谈如何加强高校商务英语专业的师资队伍建设与课程建设[J].吉林师范大学学报(人文社会科学版),2009(2).

王文良.商务英语教学中的行动研究[J].商业时代,2007(23).

原庆荣.加强商务英语师资建设的研究[J].长春理工大学学报(社会科学版),2009(3).

张培.论行动研究[J].天津师范大学学报,2012(1).

金元浦.文学解释学[M].长春:东北师范大学出版社,1997.

陈向明.质的研究方法与社会科学研究[M].北京:教育科学出版社,2001.

ELLIOT J. Action research for education change [M]. Milton Keynes & Philadelphia: Open University Press,1991.

KEMMIS S, MC TAGGART R. The action research planner [M]. Victoria (Australia): Deakin University Press,1982.

KEMMIS S, MC TAGGART R. The action research planner [M]. Geelong: Deakin University Press,1988.

LEWIN K.Action research and minority problems [M].J Soc,1946,2(4):34 –46.

MCDONOUGH J, MCDONOUGH S. Research methods for English language teachers[M].Arnold: St.Martin's Press,1997.

NUNAN D. The teacher as researcher. Research in the language classroom [M].CLASSELL,1990.

RAMOS J M. Dimensions in the confluence of futures studies and action research[J].Futures,2006,38(6).

附录一　上海对外经贸大学商务英语专业人才培养方案

一、培养目标

　　本专业旨在为各类外经贸、企事业单位培养具有扎实的语言基本功,较强的人文学科底蕴,熟练掌握英语读、写、听、说、译技能,同时熟悉第二门外语,通晓国际贸易基本理论知识和实务,具有较强沟通能力、应用能力和较高综合素质的复合型商务英语专门人才。

　　培养的具体目标包括:

　　(1) 具有扎实的语言基本功,较强的英语听、说、读、写、译能力;

　　(2) 对英语国家人文、地理以及文化差异具有较深的认识和了解,具有一定的英语文学鉴赏能力;

　　(3) 在跨文化商务活动中,有较强的人际交往能力和交流沟通能力;

　　(4) 通晓外经贸理论与实务;

　　(5) 熟悉第二门外语,并具有一定的计算机应用能力;

　　(6) 具有一定的创新意识和初步分析问题和解决问题的能力。

二、培 养 规 格

1. 知识结构

在知识结构方面要求掌握英语语言文学、跨文化交际、国际商务等方面的理论知识和应用技能。

（1）在语言方面着重了解和掌握英语语言、文学的基本理论知识和运用,学习欣赏和评析英美文学的重要作家作品;

（2）在跨文化交际方面主要了解和掌握中西文化差异和跨文化交际的理论知识,提高对文化差异的敏感度和宽容度;

（3）在国际经贸方面要求掌握经济学、国际贸易、国际贸易实务等理论与知识。

专业课程主要有:商务英语、综合英语、英语视听说、英语语法与写作、英语修辞与写作、商务英语翻译、商务英语口译、进出口英语函电、跨文化商务交际、高级英语、英美文学、英语国家概况、商务英语外刊选读、英语词汇学、中国传统文化、欧洲文化导论、经济学原理、国际贸易实务、国际金融、会计学、国际贸易、第二外语(日语或法语)等。

具体课程设置详见本专业指导性教学计划。

2. 能力

通过培养,要求学生具备以下几方面的能力:

（1）具有扎实的语言基本功和较强的语言应用能力:通过开设语言基础课程,如综合英语、英语视听说、英语写作等课程,努力培养学生扎实的语言基本功,积累基本的语言素材,并为高级阶段的学习打下良好的基础;通过开设专业课程和专业选修课程,如词汇学、商务英语翻译、商务英语外刊选读、高级英语听力、商务英语口译等课程,训练和培养学生的听、说、读、写、译等方面的语言应

用能力,使他们在掌握语言素材的基础上能够灵活、熟练、得体地结合实际情景运用语言;

(2) 较强的人际沟通能力和跨文化交际能力:通过开设相关课程,培养学生对不同文化差异的敏感、理解和宽容,学会掌握灵活处理和解决跨文化之间的交流和人际沟通能力;

(3) 具有扎实的国际商务知识和相关的应用能力:通过开设国际贸易、会计学、经济学原理、国际贸易实务、国际金融等经贸类课程,使学生广泛涉猎经贸学科的基础理论和知识,熟悉和了解经贸实务和法律法规;同时通过开设语言与进出口贸易环节相结合的语言应用课程,如商务英语会话、进出口英语函电等课程,培养学生在商务环境中运用语言的能力;

(4) 较强的语言综合应用能力和组织能力:实行课堂教学与学生的课外学习相结合,通过有目的、有组织、有计划的课外活动,如课外阅读、演讲、辩论、外语节等活动,激发学生的学习兴趣,培养和提高学生的自主学习能力、语言综合运用能力和组织能力;

(5) 较强的国际商务活动运作能力:实行课堂教学与实践教学相结合,通过口译实践教学、商务英语应用自主训练(多媒体)和国际商务模拟训练项目,培养和提高学生国际商务环境中的语言应用能力和实务运作能力;

(6) 较强的获取和处理信息的能力和创新意识:实行课堂教学与社会实践相结合,通过社会实践和毕业实习,培养和提高学生在复杂社会环境下独立思考、发现问题、解决难题等创新能力,同时具有较强的组织纪律性和较高的职业素养。

3. 素质

(1) 具有较高的综合人文素质,培养学生对社会和人文问题的思考、分析能力和解决实际问题的能力;

(2) 采用先进和适合的教学理论和方法,先进的教学手段,通过多种多样的培养方式,鼓励学生的创新意识,强调学以致用,培养学生自主学习的积极性和获取知识、运用知识的能力,树立终生学习的理念。

三、培 养 方 式

本专业的培养方式将本着坚持传授知识、培养能力、提高素质协调发展,着力提高学生的学习能力、实践能力和创新能力,坚持以学生为主体、以教师为主导,注重发挥学生的学习主动性,充分发挥教师的积极性的原则,具体包括:

(1)采用先进和适合的教学方法、理论和手段,包括适当采用多媒体教学、网络教学、案例教学等,丰富教学手段、调动课堂气氛、增强学生的课堂参与度、增强师生互动;

(2)适时更新教学内容,使理论教学具有前沿性、启发性和创新性;

(3)大力提倡课内、外结合的学习方法,加强对学生有针对性的指导,建立导师辅导和咨询制度,借助网络教学平台广泛开展和促进师生之间的交流;

(4)将学习方法的指导融汇到理论知识的教授中,培养学生自主学习的习惯和能力,帮助学生树立终生学习的理念;

(5)改革考核方式,强调实践教学环节,精心设计实践活动和实践任务,加强阶段性指导,强调学以致用;

(6)邀请业界人士开设专业讲座,加强专业理论学习与行业实践的联系;

(7)在商务理论课程中适当采用双语教学,采用经典原版英语教材,使学生学习的知识与国际接轨。

四、教学质量保证措施

本专业全面执行学校"教学质量保证体系"和外语学院保证教学质量的有关规定。

五、学　　制

本科学制为四年,详见《上海对外贸易学院全日制本、专科生学分制学籍管理规定》。

六、成 绩 考 核

课程考核合格,给予相应的成绩、绩点和学分。成绩考核严格按照《上海对外贸易学院本科学分制培养方案总则》、《上海对外贸易学院全日制本、专科生学分制学籍管理规定》和《上海对外贸易学院课程考核管理办法》的有关规定执行。

七、社会实践与科学研究

(1) 学生必须参加学校要求的社会实践活动并取得相应的学分。

(2) 学生须在教师指导下独立完成毕业论文的写作并通过论文答辩。毕业论文的相关规定详见《上海对外贸易学院本科毕业论文管理条例》。

（3）鼓励学生参加学校、教学部门、学生工作管理部门和学生社团组织的学术探讨和科学研究活动，特别是与本专业课程教学、实习、社会调查、社会实践等有关的学术和科研活动。

八、毕业与学位

（1）学生在规定的时间内完成培养方案规定的全部课程和学习任务，获得相应的学分，并符合各项要求者，准予毕业并发给毕业证书。

（2）毕业生符合《中华人民共和国学位条例》、《中华人民共和国学位条例暂行实施办法》和学校《学士学位授予工作实施细则》，经学校学位委员会审查通过，授予文学学士学位。

九、专业指导性教学计划

本专业指导性教学计划见另外附表。

附录二 上海对外经贸大学商务英语专业指导性教学计划

商务英语专业指导性教学计划

课程类别		课程名称	应修学分	开课学期	分学期周课时分布							
					1	2	3	4	5	6	7	8
全校共同课	思想政治理论课	思想道德修养与法律基础	2	1.2	2+(1)							
		中国近现代史纲要	2	1.2		2						
		马克思主义基本原理	2	3.4			2					
		毛泽东思想、邓小平理论和"三个代表"重要思想概论	4	3.4				4+(2)				
		政治经济学	2	1.2	2							
		形势与政策		1-6	1	1	1	1	1	1		
		计算机应用基础	2	1-2	2	2						
		大学语文	2	1.2	2							
		体育	4	1-4	2	2	2	2				
学科共同课		综合英语(1-4)	24	1-4	6	6	6	6				
		英语视听说(1-4)	8	1-4	2	2	2	2				
		英语语法与写作(1-2)	4	3-4			1.5+0.5	1.5+0.5				
		商务英语(1-2)	8	1-2	4	4						
		经济学原理(英)	4	2		4						

（续表）

课程类别	课程名称	应修学分	开课学期	分学期周课时分布							
				1	2	3	4	5	6	7	8
学科共同课	国际贸易（英）	2	4				2				
	国际贸易实务	2	5					2			
	国际金融（英）	2	5					2			
专业课	英语国家概况（英）	2	5					2			
	语言学导论（英）	4	7							4	
	英语词汇学	2	6						2		
	英美文学（英）（1-2）	4	6-7						2	2	
	第二外语（日语）（1）	4	5					4			
	第二外语（法语）（1）										
	商务英语口译（1-2）	4	5-6					1.5+0.5	1.5+0.5		
	商务英语翻译（1-2）	4	6-7						2	2	
	跨文化商务交际（英）	2	6						2		
	商务入门（英）	2	3			2					
	商务英语会话	2	4				2				
	进出口英语函电	4	5					3.5+0.5			
	英语修辞与写作	2	5					1.5+0.5			
	高级英语（1-2）	8	5-6					4	4		
	讲座	2	1-7								
选修课	专业选修课	8	1-7								
	相关学科选修课	8	1-7								
	超规格选修课										
	综合素质选修课	9	1-7								

（续表）

课程类别		课程名称	应修学分	开课学期	分学期周课时分布							
					1	2	3	4	5	6	7	8
实践教育课	专业模拟训练课	口译实践教学	2	7							2	
		商务英语应用能力自主训练（多媒体）	2	1-4	2	2	2	2				
		国际商务模拟训练项目	2	4-7								
	职业规划与发展课程		4	2-8								
	军训		2	1	2							
	社会实践		3	1-6								
	毕业实习		3	7.8								3
	毕业论文		4	7.8								4
合计			167		27	25	19	23	23	15	10	7

注:1. 以"1.2"为例,点号表示在所标示的学期内滚动开课;以"1-2"为例,连接号表示在所标示的学期内连续开课;以"2+(1)"为例,+(1)表示有课外学时,不计学分;以"2+1"为例,+1表示有课内学时计学分。
　2. "体育"1学分2课时;"计算机应用基础"1学分2课时。
　3. "综合素质选修课"模块中含讲座2学分。
　4. "职业规划与发展课程"4学分,第2—6学期和第8学期每学期0.5学分,第7学期1学分。

商务英语专业指导性教学计划之专业选修课模块

课程类别	课程名称	应修学分	开课学期	分学期周课时分布							
				1	2	3	4	5	6	7	8
专业选修课	第二外语（日语）（2）	4	6						4		
	第二外语（法语）（2）										
	英语演讲	2	5					2			
	商务英语外刊选读（1-2）	4	5-6					2	2		
	英语文体学	2	5					2			

（续表）

课程类别	课程名称	应修学分	开课学期	分学期周课时分布							
				1	2	3	4	5	6	7	8
专业选修课	中国传统文化(英)	2	5					2			
	欧洲文化导论(英)	2	6						2		
	国际商法	2	7							2	
	国际商务谈判(英)	2	7							2	
	国际商务礼仪(英)	2	7							2	
	会计学	2	5					2			
	管理学原理	2	6						2		
	市场营销学(英)	2	6						2		
	高级商务英语写作	2	5					2			
	英语散文	2	7							2	
	高级英语听力(1-2)	2	5-6					1	1